Guia de atividades da
Disciplina Positiva

Jane Nelsen · Aisha Pope
Mary Tamborski · Lois Ingber

Guia de atividades da Disciplina Positiva

33 FERRAMENTAS DE APRENDIZAGEM SOCIOEMOCIONAL PARA AS CRIANÇAS PRATICAREM

Ilustrações de Greg Houston
Tradução de Fernanda Lee

manole
editora

Título original em inglês: *Positive Discipline Tools for Kids Guidebook – 33 Tools for Social-Emotional Learning*
© *Copyright* 2021 Jane Nelsen, Aisha Pope, Mary Tamborski, Lois Ingber.
Ilustrações de Greg Houston. Todos os direitos reservados.
Publicado mediante acordo com Empowering People, Inc.

Produção editorial: Retroflexo Serviços Editoriais
Tradução: Fernanda Lee
        Mestre em Educação, Master trainer certificada em Disciplina Positiva
        para pais e professores, membro e conselheira internacional do corpo
        diretivo da Positive Discipline Association (PDA), membro-fundadora da
        PDA Brasil
        www.filosofiapositiva.com.br
Revisão de tradução e revisão de prova: Depto. editorial da Editora Manole
Adaptação de projeto gráfico: Depto. editorial da Editora Manole
Diagramação: Elisabeth Miyuki Fucuda
Adaptação da capa para a edição brasileira: Depto. de arte da Editora Manole

CIP-BRASIL. CATALOGAÇÃO NA PUBLICAÇÃO
SINDICATO NACIONAL DOS EDITORES DE LIVROS, RJ

G971

Guia de atividades da disciplina positiva : 33 ferramentas de aprendizagem
socioemocional para as crianças praticarem / Jane Nelsen ... [et al.] ; [ilustração Greg
Houston ; tradução Fernanda Lee]. - 1. ed. - Santana de Parnaíba [SP] : Manole, 2023.
: il.

    Tradução de: Positive discipline tools for kids guidebook : 33 tools for
social-emotional learning.
    ISBN 9788520464618

    1. Disciplina infantil. 2. Motivação na educação. 3. Disciplina escolar. I. Nelsen,
Jane. II. Houston, Greg. III. Lee, Fernanda.

22-81671   CDD: 371.392
                                     CDU: 37.091.4

Gabriela Faray Ferreira Lopes - Bibliotecária - CRB-7/6643

Todos os direitos reservados.
Nenhuma parte desta obra poderá ser reproduzida, por qualquer processo, sem a
permissão expressa dos editores.
É proibida a reprodução por fotocópia.

A Editora Manole é filiada à ABDR – Associação Brasileira
de Direitos Reprográficos

Edição brasileira – 2023

Direitos em língua portuguesa adquiridos pela:
Editora Manole Ltda.
Alameda América, 876
Tamboré – Santana de Parnaíba – SP – Brasil
CEP: 06543-315
Fone: (11) 4196-6000
www.manole.com.br | https://atendimento.manole.com.br/

Impresso no Brasil
Printed in Brazil

SUMÁRIO

Sobre as autoras vii

Introdução xv

Roda de escolhas da raiva. 1

Tenha espírito de equipe 7

Pertencimento e importância. 11

Incômodos e desejos. 15

Mente calma, corpo calmo. 19

Cuidar 23

Escolhas e consequências. 27

Reconhecimentos. 31

Contribuição 35

Coragem. 39

Decida o que você vai fazer 43

Empatia 47

Encorajamento. 51

Sentimentos 57

Perdão 63

Estabelecer metas. 69

Gratidão. 73

Abraços 77

Escutar. 81

Erros 85

Erros e os 3 E. 91

Pausa positiva. 95

Resiliência 99

Respeito 103

Quadro de rotinas 109

Uso de telas 113

Compartilhar 119

Pequenos passos 123

Dicas de fala 127

Pensar – Sentir – Agir 131

Entenda o cérebro 137

Roda de escolhas 143

Resolução de problemas ganha-ganha 147

Durante o processo de edição desta obra, foram tomados todos os cuidados para assegurar a publicação de informações técnicas, precisas e atualizadas conforme lei, normas e regras de órgãos de classe aplicáveis à matéria, incluindo códigos de ética, bem como sobre práticas geralmente aceitas pela comunidade acadêmica e/ou técnica, segundo a experiência do autor da obra, pesquisa científica e dados existentes até a data da publicação. As linhas de pesquisa ou de argumentação do autor, assim como suas opiniões, não são necessariamente as da Editora, de modo que esta não pode ser responsabilizada por quaisquer erros ou omissões desta obra que sirvam de apoio à prática profissional do leitor.

Do mesmo modo, foram empregados todos os esforços para garantir a proteção dos direitos de autor envolvidos na obra, inclusive quanto às obras de terceiros, imagens e ilustrações aqui reproduzidas. Caso algum autor se sinta prejudicado, favor entrar em contato com a Editora.

Finalmente, cabe orientar o leitor que a citação de passagens da obra com o objetivo de debate ou exemplificação ou ainda a reprodução de pequenos trechos da obra para uso privado, sem intuito comercial e desde que não prejudique a normal exploração da obra, são, por um lado, permitidas pela Lei de Direitos Autorais, art. 46, incisos II e III. Por outro, a mesma Lei de Direitos Autorais, no art. 29, incisos I, VI e VII, proíbe a reprodução parcial ou integral desta obra, sem prévia autorização, para uso coletivo, bem como o compartilhamento indiscriminado de cópias não autorizadas, inclusive em grupos de grande audiência em redes sociais e aplicativos de mensagens instantâneas. Essa prática prejudica a normal exploração da obra pelo seu autor, ameaçando a edição técnica e universitária de livros científicos e didáticos e a produção de novas obras de qualquer autor.

SOBRE AS AUTORAS

(Da esquerda para a direita) Mary Nelsen Tamborski, Dra. Jane Nelsen, Aisha Pope, Lois Ingber.

MARY NELSEN TAMBORSKI é esposa de Mark e mãe de três filhos: Greyson, Reid e Parker. Ela é terapeuta licenciada de casais e família com consultório particular em San Diego.

O treinamento formal de Mary é secundário em relação ao treinamento de vida que ela recebeu de sua mãe, Dra. Jane Nelsen, terapeuta de casais e família e autora dos livros de Disciplina Positiva. Desde que ela consegue se lembrar, sua mãe e seu pai a envolveram em uma comunicação respeitosa, de encorajamento e com foco em soluções.

Mary é coautora do livro *Positive Discipline Parenting Tools* e do baralho *Disciplina Positiva para casais*, com sua mãe, Jane Nelsen. Ela é uma palestrante popular, instrutora de Disciplina Positiva e apresentadora de *workshops*.

⭐ Dedicatória

A Mark, meu marido, que oferece amor e apoio infinitos; e aos meus três filhos, Greyson, Reid e Parker, que me lembram diariamente que se aprende a ter habilidades sociais e de regulação emocional. Ao praticar as ferramentas socioemocionais para crianças, a vida se torna mais alegre e gerenciável de maneiras saudáveis e úteis.

⭐ Agradecimentos

Não posso expressar agradecimentos suficientes às minhas coautoras Aisha Pope, Lois Ingber e minha "mama" Jane Nelsen por sua dedicação de seis anos a este projeto de vida. Sua paciência, percepção, *brainstorming* criativo e compromisso inegável em muitos fins de semana juntas, além de incontáveis seções de Zooms pelas manhãs de domingo, foram inspiradores.

Gostaria de agradecer ao Community Montessori, uma escola pública charter na cidade de San Diego, por me dar a oportunidade de trabalhar com alunos no "Friends Club". Toda sexta-feira eu me via ansiosa para ensinar os princípios e ferramentas da Disciplina Positiva para esses alunos, e foi essa experiência que inspirou a ideia deste *Guia de atividades da Disciplina Positiva*.

Agradeço aos meus dois filhos mais novos, Parker e Reid, por testarem essas ferramentas e por seus valiosos comentários. Agradeço a toda a minha família por sacrificar inúmeras manhãs de domingo e muitos fins de semana enquanto a mamãe trabalhava neste projeto. Seu amor e apoio incondicionais serão sempre apreciados.

Agradeço a meu irmão, Brad Ainge, por seu *feedback* criativo e útil, bem como sua paciência; e a Kim Remington-Bassham pelo belo *design* e pelas inúmeras edições e retoques finais para tornar este sonho realidade.

JANE NELSEN, PHD, é autora da série Disciplina Positiva e cofundadora de um movimento mundial, por meio da Positive Discipline Association, que tem certificado milhares de educadores em Disciplina Positiva em mais de 85 países. O livro original da Disciplina Positiva, escrito em 1981, foi o produto da profunda gratidão de Jane pelas mudanças que ela foi capaz de fazer, como mãe de sete filhos, depois de aprender o trabalho de Alfred Adler e Rudolf Dreikurs em uma aula de desenvolvimento infantil e relações de família. Desde aquela época, Jane se tornou autora ou coautora de muitos livros, baralhos de ferramentas e vários manuais de treinamento. O entusiasmo continua a crescer a partir do interesse de pais, professores, casais e líderes empresariais que experimentaram relacionamentos mais fortes como resultado do treinamento em Disciplina Positiva.

Dedicatória

A Barry, que ainda oferece apoio incondicional após 50 anos de casamento.

Agradecimentos

Este projeto começou há mais de seis anos, quando Mary apontou que, como já temos tantas cartas de ferramentas de Disciplina Positiva para adultos (pais, professores, casais), seria ótimo ter um *Guia de atividades da Disciplina Positiva*. Soubemos imediatamente que Aisha teria muito a oferecer na condição de terapeuta supervisora de Mary com um extenso trabalho com crianças, como terapeuta e diretora de programa no San Diego Center for Children. Como essas ferramentas também podem ser usadas em salas de aula, convidamos Lois Ingber para se juntar a nós, pois ela é a Conselheira Comportamental da Element Education, uma Escola Modelo de Disciplina Positiva em San Diego.

Por que mais de seis anos para concluir? Mary terminou sua supervisão e tornou-se uma terapeuta popular em seu consultório particular. Nós duas estávamos curtindo o mundo enquanto fazíamos *workshops* de Disciplina Positiva. Aisha sempre conciliou (lindamente) muitos papéis junto a entidades que defendem os direitos das crianças. Lois estava com o tempo todo tomado, promovendo *workshops*, atuando no Conselho da Positive Discipline Association e cuidando da vida familiar. Ainda arranjamos tempo para nos encontrarmos sempre que possível. Depois veio a pandemia. Em vez de desacelerar, ficamos mais ocupadas do que nunca (*online* e pessoalmente). Encontrar tempo para quatro mulheres ocupadas foi um desafio. Daí o prazo de seis anos. Estamos muito felizes com o projeto finalizado.

Queremos agradecer a Brad Ainge, nosso editor, que frequentemente colocava seu chapéu de editor e seu chapéu de criança, para nos avisar quando não estávamos falando a liguagem "infantil". Resmungávamos e voltávamos à "prancheta" para implementar suas sugestões. Levou mais tempo, mas os resultados valeram a pena.

Estamos muito satisfeitas com o *design* criado por Kim Remington-Bassham. Ela acrescentou detalhes que encantam os olhos e aprimoram nossa mensagem.

Agradeço a Maya e Parker, que provaram que podiam se divertir e aprender participando de algumas dessas atividades com suas mães.

Agradeço a Lora Ferguson, Joe Kaufman, à família Peters e outros da Element Education, e também a 60 participantes de nossa Conferência de Disciplina Positiva presencial de outubro de 2021 que se reuniram em pequenos grupos para testar muitas das atividades.

Esperamos que você e seus filhos/alunos gostem deste *Guia de atividades da Disciplina Positiva*.

Sobre as autoras

AISHA POPE, LCSW, tem atuado no Sistema de Saúde Comportamental Infantil em San Diego nos últimos 20 anos. Ela já ofereceu serviços terapêuticos e de supervisão clínica em uma variedade de ambientes, incluindo ambulatório, internação, residencial, comunitário/domiciliar, consultório particular, e agora telessaúde. Atualmente trabalha no San Diego Center for Children como Diretora de Programa, supervisionando os Programas Foster Family Agency Stabilization & Treatment (FFAST) e Intensive Family Services (IFS), e tem um consultório particular, Roots & Wings Consulting, onde ela se especializou em apoiar pessoas negras e indígenas, crianças de 0 a 5 anos, casais, famílias de todas as composições e aqueles que precisam de apoio com a parentalidade. Ela copreside o subcomitê de saúde mental da primeira infância da região e a conferência Birth of Brilliance, destinada a promover a equidade para crianças e suas famílias. Aisha tem orgulho de ser uma *lead trainer* de Disciplina Positiva certificada e uma servidora de Psicoterapia de Pais e Crianças. Ela é apaixonada por ajudar as famílias a aumentar sua conexão entre seus membros e com suas comunidades e está comprometida em fazer um trabalho que promova a equidade, a diversidade, a inclusão e o pertencimento de comunidades marginalizadas. Ela é a mãe orgulhosa de Jayden e Maya, e é casada com Donald há 20 anos.

 ## Dedicatória

Este livro é dedicado às crianças da minha vida – meus filhos Jayden e Maya, minhas sobrinhas e sobrinhos, as crianças com quem trabalho, os filhos de meus amigos e todos os jovens do mundo. Todos vocês merecem pertencer, se sentir importantes e ser tratados com dignidade e respeito. Espero, sinceramente, que as ferramentas deste livro e outras semelhantes ajudem a tornar o mundo um lugar mais feliz e seguro para vocês.

Agradecimentos

Em primeiro lugar, gostaria de agradecer à minha principal pesquisadora neste projeto, minha filha Maya. Ao longo dos anos, conversei e pratiquei esses conceitos com ela. Ela apareceu com entusiasmo quando precisei dela e, como a maioria dos jovens, valorizou sinceramente a oportunidade de contribuir. Também agradeço aos outros jovens (e jovens de coração) que me ajudaram a testar os materiais – desde a turma do jardim de infância da minha filha, onde tive a oportunidade de dirigir reuniões de classe por um ano, passando pela minha tropa de escoteiras, até as crianças e famílias incríveis que atendo em terapia, em um teste em alguns programas locais depois da escola, para meus colegas que experimentaram e me deram *feedback*. Seu apoio e estímulo têm muito valor para mim.

Para minhas parceiras de redação, Jane, Mary e Lois. Tanta coisa aconteceu no mundo e em nossas vidas enquanto trabalhávamos neste projeto, e continuamos disponíveis umas para as outras e para o trabalho. Nossas discussões aprofundaram minha compreensão desses conceitos, e aprendi muito sobre persistência, paciência e o valor de apenas mais uma leitura. Obrigada por sua parceria.

Sou grata ao meu marido, Don, que nunca, em 20 anos em que estamos casados, falhou em me apoiar na busca de um projeto de paixão – não importando quanto tempo levasse ou quanto ele tivesse que fazer em segundo plano para torná-lo possível. Aos meus pais, que sempre me apoiaram, incutiram em mim valores de servir e de trabalhar arduamente, e me amaram nos momentos fáceis e difíceis. Finalmente, para meus filhos, Jayden e Maya. Vocês me fazem acreditar em milagres, desejar ser uma pessoa melhor e me dão energia e vontade de colocar o bem no mundo para que ele seja um lugar melhor para vocês. Meu maior privilégio na vida é ser sua mãe.

LOIS INGBER é assistente social clínica licenciada na Califórnia e *lead trainer* certificada em Disciplina Positiva. Desde a década de 1980, ela presta serviços como terapeuta, supervisora clínica, administradora e consultora para crianças, jovens, famílias e educadores em escolas, clínicas, hospitais, serviços sociais e consultórios particulares. Ela é uma apresentadora frequente em conferências e *workshops* e lecionou internacionalmente. Com o objetivo de criar relacionamentos mutuamente respeitosos, Lois descobriu que a Disciplina Positiva e a psicologia adleriana, na qual se baseia, trazem grande benefício a todo o seu trabalho e a sua vida pessoal. Ela acredita que as habilidades socioemocionais e a contribuição são a base da saúde mental e da vida comunitária, e se sente honrada por fazer parte do projeto *Guia de atividades da Disciplina Positiva*, que as promove. Lois diz que as duas coisas mais gratificantes que fez na vida foram o casamento com o seu marido e a cocriação da filha deles, agora uma jovem adulta.

 ## Dedicatória

Este programa é dedicado a crianças de todos os lugares, que são e sempre foram a esperança para a humanidade evoluir em direção a uma integridade maior.

 ## Agradecimentos

Em primeiro lugar, quero agradecer às minhas coautoras, que são também queridas amigas, Jane, Aisha e Mary, por me convidarem para fazer parte deste importante projeto. Sua inspiração e criatividade tornaram essa colaboração rica e gratificante. Brad Ainge nos manteve informadas sobre todos os aspectos do processo de publicação. Greg Houston transformou nossas ideias em ilustrações encantadoras que transmitem imediatamente a essência de cada lição. E Kim Remington-Bassham deu vida às páginas com formatação e ícones visualmente agradáveis. Agradeço também às famílias, inclusive a minha, que me ajudaram a testar as lições em campo, e a meu marido, Jonathan, por sua revisão cuidadosa.

Tantos me orientaram para poder participar deste projeto. Sou profundamente grata a meus pais por modelar *Gemeinschaftsgefühl* (sentimento social) e justiça social; a meus primeiros mentores adlerianos, Steve Maybell, Jane Griffith e o falecido Robert Powers, que colocaram em palavras aquilo em que sempre acreditei sobre a natureza dos seres humanos; a Jane Nelsen, por sua sabedoria, sua gentileza e firmeza, que me permitiram crescer a partir de erros com dignidade e amor; aos praticantes adlerianos e de Disciplina Positiva, numerosos demais para nomear, que ampliaram meus conhecimentos e habilidades, e, finalmente, a meu marido, Jonathan, e minha filha, Brianna, que sempre me apoiaram e me mantiveram no caminho com amor incondicional.

INTRODUÇÃO

A Disciplina Positiva é um modelo de encorajamento para promover o comportamento responsável e respeitoso, bem como construir relacionamentos saudáveis. Seguimos os ensinamentos de Alfred Adler e Rudolf Dreikurs, baseados em princípios universais válidos para todos os relacionamentos, por exemplo tratar as pessoas com dignidade e respeito – inclusive as crianças. Todas as "ferramentas" da Disciplina Positiva são respeitosas e encorajadoras para crianças e adultos em suas vidas.

O primeiro livro de Disciplina Positiva, da Dra. Jane Nelsen, foi publicado em 1981 para pais e professores. Outros livros abordaram pais solteiros, adolescentes, crianças na fase pré-escolar, os primeiros três anos e crianças com deficiência. Ao trabalhar com base nesses princípios, as pessoas descobriram que as crianças prosperaram em casa e nas salas de aula. Então, muitos perceberam que esses mesmos princípios básicos eram aplicáveis aos relacionamentos adultos. Assim, os programas de *Disciplina Positiva para casais* e *Empoderar pessoas no ambiente de trabalho* foram desenvolvidos. Agora estamos expandindo o modelo para que as crianças (*Guia de atividades da Disciplina Positiva*) aprendam e pratiquem habilidades socioemocionais baseadas nos princípios adlerianos com seus colegas e os adultos de suas vidas.

Mas quais são esses princípios adlerianos básicos?

- Necessidade de pertencimento ou aceitação (conexão e amor incondicional).
- Necessidade de importância (capacidade e responsabilidade).
- Dignidade e respeito por todas as pessoas.
- Compreensão das crenças por trás do comportamento.
- Interesse e contribuição social como base para a saúde mental.
- Equilíbrio entre gentileza e firmeza ao mesmo tempo.
- Conexão antes da correção.
- Erros como oportunidades de aprendizado.
- Cooperação *versus* competição.
- Foco em soluções.

Este guia inclui muitas atividades para ensinar habilidades socioemocionais com base nesses princípios, de modo a ajudar as crianças a encorajar a si mesmas e às outras.

 Entender o comportamento por meio do Pensar, Sentir, Agir

Adler nos ensinou a "observar o movimento". O modo como uma pessoa "se move" pela vida é baseado no que ela decidiu fazer. Quando um evento acontece em nossas vidas, temos um pensamento sobre ele (mesmo quando não estamos conscientes do pensamento). O pensamento gera um sentimento, e o sentimento gera uma decisão sobre como agir. É por isso que perguntamos: "O que você está pensando, o que está sentindo e o que está decidindo fazer?" depois da ação. Muitas vezes as pessoas não estão conscientes do que estão decidindo fazer.

Quando um evento de vida é emocional, é mais memorável. Quando isso acontece, o pensamento, o sentimento e a ação podem vir do medo ou do desânimo e podem levar a decisões problemáticas que nos acompanham até a idade adulta. O objetivo deste programa de ferramentas de aprendizagem socioemocional para as crianças é ajudá-las a tomar decisões que irão melhor atendê-las ao longo de suas vidas.

 Pertencimento (aceitação) e importância

Dos princípios adlerianos listados anteriormente, sentir-se aceito e importante são essenciais para todo o restante. A necessidade primária de todos os seres humanos é o senso de pertencimento e importância. O objetivo do comportamento humano é atender a essas necessidades. A esperança é que possamos atender a essas necessidades de maneiras socialmente úteis (comportamento aceitável). No entanto, quando o pertencimento e a importância parecem fora de alcance, as pessoas podem desenvolver crenças equivocadas sobre como atingir essas necessidades básicas, buscando o que agora é conhecido como os objetivos equivocados do comportamento: atenção indevida, poder mal direcionado, vingança ou inadequação assumida. Essas metas equivocadas representam o que elas estão pensando, sentindo e decidindo fazer quando estão desanimadas. Todas as ferramentas deste programa convidam as crianças a encontrar pertencimento e importância de maneiras socialmente úteis.

Alguns pais e outros adultos cometem o erro de pensar que pertencer e ser importante são a mesma coisa, e que dar amor é a melhor maneira de ajudar as crianças a sentirem-se pertencentes e importantes. Você pode dar amor às crianças, mas elas desenvolvem o senso de importância por meio da responsabilidade e da contribuição. Quando os adultos não entendem a importância de oferecer oportunidades para que as crianças desenvolvam o senso de importância, muitas vezes caem na armadilha de mimar. Isso geralmente leva a um senso de "se achar no direito de" em vez de desenvolver importância. Oferecer o equilíbrio entre amor e responsabilidade pode ajudar as crianças a terem o senso de pertencimento e importância, o que as equipará com as características e habilidades necessárias para uma vida bem-sucedida.

 Aprendizagem socioemocional (ASE)

À medida que desenvolvíamos essas ferramentas, era importante nos alinharmos ao modelo usado pela Aprendizagem colaborativa acadêmica socioemocional (ASE) (Casel, do inglês *Collaborative for Academic, Social and Emotional Learning*, disponível em https://casel.org/ sel-framework/).

A Casel é reconhecida mundialmente pelas diretrizes que criou para a aprendizagem socioemocional nas escolas. Elas incluem cinco áreas principais de competência:

1. Autoconhecimento.
2. Autorregulação.
3. Consciência social.

4. Habilidades de relacionamento.
5. Tomada de decisão responsável.

Este *Guia de atividades da Disciplina Positiva* aborda todas essas áreas.

 Para quem é este programa?

Descobrimos que a maioria das crianças se sai muito bem em reuniões de família e reuniões de classe quando têm cerca de 4 anos. Nessa idade, muitas crianças se tornam excelentes solucionadoras de problemas e com frequência apresentam soluções que levam os adultos a se perguntarem: "Por que não pensei nisso?". Por isso, as atividades deste guia são projetadas para crianças de 4 anos até o início da adolescência.

Você conhece seus filhos melhor do que ninguém, e temos certeza de que você ajustará as instruções para cada atividade de acordo com a idade das crianças que está ensinando. Também é importante estar atento às palavras que podem precisar ser alteradas ao trabalhar com grupos de crianças que incluem diversidade de culturas e etnias.

 Onde e quando este programa ASE (Casel) pode ser usado?

Essas atividades podem ser usadas com crianças, individualmente ou em grupos.
- Pais/cuidadores em casa.
- Professores em sala de aula.
- Orientadores educacionais e psicólogos escolares, individualmente ou em grupos com alunos.
- Monitores de acampamento.
- Treinadores.
- Famílias que fazem *homeschooling* (ensino domiciliar).
- Terapeutas.

- Programas pós-escolares.
- Escolas religiosas.
- Onde quer que os adultos estejam com as crianças.

A "carta" de ferramentas* que acompanha cada lição pode ser adicionada a uma cesta ou colocada em uma parede de fácil acesso para as crianças revisarem sempre que quiserem um lembrete das muitas ferramentas que estão aprendendo. Quando há um conflito, a mãe/o pai ou professor pode dizer: "Será que ajudaria dar uma olhada nas cartas para crianças para ver se você consegue encontrar uma que ajude agora?".

 Sugestões de uso

A marca registrada da metodologia da Disciplina Positiva é o uso da aprendizagem de dinâmicas de grupo. Essa é uma das razões pelas quais a Disciplina Positiva está sendo ensinada em mais de 85 países. Enquanto encenam papéis e participam de atividades vivenciais, pais e professores aprendem com sua própria experiência de "ser" criança ou praticar as ferramentas como adulto. Eles então compartilham o que experimentaram em suas próprias palavras.

Outra característica da metodologia de ensino de Disciplina Positiva é evitar ao máximo os sermões. As perguntas e atividades são projetadas para "extrair" o aprendizado das crianças em vez de "enchê-las" com sermões.

Em cada atividade você verá "Vamos refletir", "Você sabia" e "Vamos praticar". Algumas têm os "Próximos passos" para serem seguidos mais tarde. Escolha quais perguntas e atividades de reflexão são adequadas para seu filho, aluno ou grupo. Quando ler as instruções da atividade, incentivamos você a usar suas próprias palavras ao ensinar. Para muitas das atividades há mais de uma resposta ou maneira de responder, e a criança

---

* N.E.: Este guia de atividades tem como material complementar o baralho *Cartas infantis da Disciplina Positiva*, também publicado pela Editora Manole.

é convidada a compartilhar o motivo de sua escolha. As crianças acham encorajador e validador quando os adultos também compartilham. Cada lição tem uma rima que é lida em conjunto no final, ou você pode optar por fazer sua leitura no início, como uma introdução à atividade.

Sugerimos que você faça a atividade "Sentimentos" primeiro, porque perguntas sobre sentimentos aparecem em todas as atividades do guia. O restante das atividades é apresentado na mesma ordem do baralho *Cartas infantis da Disciplina Positiva*, não necessariamente estruturadas para que sejam trabalhadas na sequência, mas para fácil referência. Convidamos você a escolher qualquer ordem que desejar! Sinta-se à vontade para selecionar as atividades com base nas necessidades de seus filhos ou simplesmente folhear e cair em uma página de forma aleatória. Algumas atividades são ótimas para pequenos grupos e outras fazem mais sentido individualmente ou com toda a família. Você pode acabar fazendo todas as atividades de cada tópico ou pode descobrir que algumas delas não são relevantes para suas necessidades. Use aquilo que faz sentido para você e seus filhos. O único objetivo é se divertir e seguir a liderança da criança.

 Nossa esperança

Acreditamos que cada geração deve tornar o mundo um lugar melhor para a próxima geração. Quando Alfred Adler discutiu a filosofia de tratar todos com dignidade e respeito, ele incluiu as crianças. A pesquisa de Warneken e Tomasello mostrou que as crianças nascem com um desejo inato de contribuir. Chamaram isso de altruísmo. Alfred Adler chamou isso de *Gemeinschaftsgefühl* (interesse social e desejo de contribuir). O desejo inato das crianças de contribuir deve ser nutrido para se desenvolver mais integralmente, assim como a capacidade inata de falar um idioma deve ser nutrida para se desenvolver de forma plena. O objetivo deste guia de atividades para crianças é ajudá-las a desenvolver totalmente seu desejo inato de contribuir a fim de que possamos trabalhar em parceria e tornar o mundo um lugar melhor para as próximas gerações.

Roda de escolhas da raiva

> **A raiva pode ser uma grande carga. Para encontrar soluções, use a roda de escolhas da raiva.**

Vamos refletir

1. Observe a ilustração. O que você vê acontecendo?
2. Pense em uma ocasião em que você sentiu raiva.
   - Onde você sentiu isso em seu corpo?
   - O que você costuma fazer quando está com raiva?
3. O que você disse ou fez que magoou os outros quando estava com raiva?
4. Compartilhe informações sobre um momento em que você estava com raiva, mas conseguiu se acalmar antes de resolver o problema.

Você sabia

Você sabia que, às vezes, todo mundo sente raiva? Faz parte de ser humano. Sentir raiva é sempre bom. O que fazemos quando estamos com raiva é que nem sempre é bom.

A raiva pode parecer avassaladora. Por exemplo, seu coração pode bater mais rápido, seu rosto pode ficar vermelho, algumas pessoas choram e você pode dizer e fazer coisas que normalmente não faria. Você não pode controlar como se sente, mas pode controlar o que faz. Quando está com raiva, é mais difícil pensar em coisas que podem ser feitas porque você está reagindo a partir de seu cérebro "lagarto" (ver a atividade "Entenda o cérebro"), o que torna difícil ser respeitoso consigo mesmo e com os outros. É por isso que é melhor esperar até que você esteja calmo.

Ter escolhas sobre o que fazer quando você fica com raiva é útil porque algo que funcionou bem em um dia pode não funcionar tão bem no dia seguinte. Criar uma roda de escolha da raiva lhe dará opções que oferecem maneiras respeitosas e úteis de lidar com sua raiva.

Roda de escolhas da raiva

Vamos praticar

 Escolha uma ou mais das seguintes atividades, dependendo da idade da(s) criança(s) e do tempo disponível. Esteja atento às percepções baseadas na cultura e nas experiências vividas.

1. Para se inspirar, leia o livro *Sofia e seu mundo de escolhas*. Disponível em https://www.manole.com.br/sofia-e-seu-mundo-de-escolhas-1edicao/p
2. Crie uma roda de escolhas da raiva.
   a. Em um pedaço de papel em branco ou um prato de papel, desenhe um círculo com pelo menos 6 fatias em forma de torta, grandes o suficiente para caber uma imagem e/ou algumas palavras.
   b. Em seguida, pense em várias coisas úteis que você pode fazer quando estiver com raiva e escreva algumas palavras ou faça um desenho em cada fatia. No livro *Sofia e seu mundo de escolhas*,[*] ela escolheu as seguintes ideias para sua roda:
   - Contar até 10.
   - Desenhar a minha raiva.
   - Fazer uma dança feliz.
   - Apertar um travesseiro.
   - Pular corda.
   - Assoprar a minha raiva em um balão.

---
[*] Nelsen, Jane. *Sofia e seu mundo de escolhas*. Santana de Parnaíba: Manole, 2021.

- Que ideias você gostaria de incluir na sua roda de escolhas da raiva?
3. Pense em uma ocasião em que você sentiu raiva e disse ou fez algo que mais tarde o deixou arrependido ou envergonhado. Descreva essa situação, incluindo:
   - O que você estava pensando?
   - O que você estava sentindo?
   - O que você estava decidindo fazer?
4. Agora vamos voltar à situação que você descreveu no item 3. Escolha algo da roda de escolhas da raiva que possa ajudar. Encene a situação usando o que você escolheu. Agora compartilhe:
   - O que você estava pensando?
   - O que você estava sentindo?
   - O que você estava decidindo fazer?
5. Para nos ajudar a lembrar dessa ferramenta, vamos ler juntos a rima: *A raiva pode ser uma grande carga. Para encontrar soluções, use a roda de escolhas da raiva.*

Próximos passos

- Escolha um lugar para manter sua roda de escolhas da raiva. Na próxima vez que estiver com raiva, escolha algo de sua roda que o ajude a se sentir melhor.
- Pode ser útil compartilhar com sua família ou professor informações sobre sua roda de escolhas da raiva para que eles possam apoiá-lo. Você pode até convidar todos os membros da sua família ou colegas de classe para fazer suas próprias rodas de escolhas da raiva.
- Durante sua próxima reunião de família ou de classe, peça a cada pessoa que fale sobre algo que fez em sua roda naquela semana e como isso funcionou para ela.

Anotações

Tenha espírito de equipe

> Ganhe ou perca no campo, na quadra ou onde participe, é sempre importante ter espírito de equipe.

Vamos refletir

1. Observe a ilustração. O que você vê acontecendo?
2. Por que, às vezes, é difícil ter espírito de equipe?
3. Compartilhe informações sobre uma situação em que você perdeu um jogo, ou qualquer tipo de competição, e alguém disse ou fez algo que o deixou se sentindo ainda pior. O que essa pessoa disse ou fez?
4. Compartilhe informações sobre uma situação em que você perdeu um jogo ou competição e alguém disse ou fez algo que o ajudou a se sentir melhor. O que ele disse ou fez?
5. Compartilhe informações sobre uma época em que você demonstrou espírito de equipe. O que você disse ou fez que mostrou isso?

Você sabia

Você sabia que ter um bom espírito de equipe é importante para tornar os jogos seguros e divertidos para todos? Ter um bom espírito de equipe significa tratar a si mesmo e aos outros com gentileza e respeito, ganhando ou perdendo. Bons esportistas jogam de forma justa, têm uma atitude positiva, descobrem como podem aprender e melhorar, encorajam uns aos outros e incluem todos.

Vamos praticar

Escolha uma ou mais das seguintes atividades, dependendo da idade da(s) criança(s) e do tempo disponível. Esteja atento às percepções baseadas na cultura e nas experiências vividas.

1. Liste alguns exemplos de coisas que bons esportistas fazem e dizem:

ESPÍRITO DE EQUIPE	
COMO AGEM	O QUE DIZEM
Apertam as mãos	"Obrigado por jogar"

2. Para cada um dos exemplos a seguir, considere o que um bom esportista pode fazer ou dizer:

   • Um membro da equipe adversária está chorando depois de perder um jogo.
     Como age_____
     O que diz_____

   • Seu companheiro de equipe faz um gol.
     Como age_____
     O que diz_____

   • Você ganha um concurso de ortografia.
     Como age_____
     O que diz_____

   • Você percebe que seu colega de equipe está trapaceando em um jogo.
     Como age_____
     O que diz_____

3. Considere os seguintes exemplos. Escolha aquele que você acredita que melhor mostra ser um bom esportista. Explique por que você escolheu esse e por que não escolheria os outros.

1. Seu time acabou de perder um grande jogo. Qual das seguintes opções um bom esportista faria primeiro?
   a. Parabeniza a outra equipe.
   b. Diz aos seus colegas de equipe o que eles poderiam ter feito melhor.
   c. Vai se trocar.
   d. Você tem outras ideias?

2. Você está a um passo de vencer uma partida de xadrez quando o cachorro de seu amigo pula na mesa e derruba tudo. Você deve:
   a. Gritar com o cachorro – é tudo culpa dele.
   b. Acusar seu amigo de não treinar o cachorro adequadamente.
   c. Dar risada, organizar o tabuleiro e começar de novo.
   d. Você tem outras ideias?

3. Você está brincando de esconde-esconde com os amigos e está no esconderijo perfeito. No último minuto, um amigo entra com você. Ele faz barulho e vocês dois são encontrados. Você poderia:
   a. Rir e continuar jogando.
   b. Pedir a ele para não se esconder com você na próxima vez.
   c. Votar para que seu amigo não possa mais jogar.
   d. Você tem outras ideias?

4. Para nos ajudar a lembrar dessa ferramenta, vamos ler juntos a rima: *Ganhe ou perca no campo, na quadra ou onde participe, é sempre importante ter espírito de equipe.*

Pertencimento e importância

Nossa necessidade de nos sentirmos capazes e amados é um forte conceito. Todos queremos nos sentir importantes; todos queremos ser aceitos.

> **Nossa necessidade de nos sentirmos capazes e amados é um forte conceito. Todos queremos nos sentir importantes; todos queremos ser aceitos.**

Vamos refletir

1. Observe a ilustração. O que você vê acontecendo?
2. Pense em um momento em que você se sentiu aceito. O que os outros ao seu redor estavam fazendo que ajudou você a se sentir cuidado?
3. Pense em uma situação em que você fez algo que ajudou alguém a se sentir aceito. O que você fez para ajudá-lo a se sentir cuidado?
4. Pense em uma situação em que você se sentiu orgulhoso de suas contribuições. O que você fez e o que nessa situação o deixou satisfeito?

Você sabia

Você sabia que o objetivo principal de todas as pessoas é ter um senso de aceitação e importância? Experimentamos um senso de aceitação quando vivenciamos amor e conexão com os outros. Sentimos que somos importantes quando nos sentimos capazes, quando somos responsáveis e quando contribuímos.

Todas as ferramentas que estamos aprendendo neste guia nos ajudam a pensar sobre maneiras de nos conectarmos com outras pessoas para desenvolver o senso de pertencimento, bem como maneiras de contribuir com as pessoas ao nosso redor e com o mundo.

Pertencimento e importância

Vamos praticar

Escolha uma ou mais das seguintes atividades, dependendo da idade da(s) criança(s) e do tempo disponível. Esteja atento às percepções baseadas na cultura e nas experiências vividas.

1. Para cada uma das atividades a seguir, escreva se você acha que isso ajuda a aumentar seu senso de pertencimento, de importância ou ambos. Compartilhe por que você fez essa escolha.

	Ajudar com tarefas na sala de aula.
	Pedir a alguém para contar sobre o seu dia.
	Participar de uma roda de reconhecimento.
	Trabalhar juntos para encontrar soluções.
	Defender um amigo que está sendo provocado.
	Recolher lixo no parque.
	Dar um abraço.
	Ajudar seus pais com seu irmão mais novo.

2. Para nos ajudar a lembrar dessa ferramenta, vamos ler juntos a rima: *Nossa necessidade de nos sentirmos capazes e amados é um forte conceito. Todos queremos nos sentir importantes; todos queremos ser aceitos.*

Anotações

Incômodos e desejos

> Se quiser que os outros escutem o que você tem a dizer, compartilhe seus sentimentos de maneira diferente da que costuma fazer.

Vamos refletir

1. Observe a ilustração. O que você vê acontecendo?
2. Imagine ouvir estas frases:
   - "Você me deixa muito brava quando pega minhas coisas!"
   - "Você está sempre atrasado, e estou cansado de esperar por você!"
   - "É sua culpa que eu não consegui brincar no balanço durante o recreio porque você demorou muito!"

   Quando você ouve frases como essas, o que você está pensando ou sentindo? Como você pode responder?
3. Agora imagine ouvir estas frases:
   - "Eu me incomodo quando você pega minhas coisas sem pedir, e gostaria que você perguntasse primeiro."
   - "Eu me incomodo quando você se atrasa, e gostaria que você chegasse na hora."
   - "Eu me incomodo que você tenha passado tanto tempo no balanço, e gostaria que pudéssemos revezar."

   O que você está pensando ou sentindo? Como você pode responder?

Você sabia

Você sabia que, se os outros se sentirem culpados durante um conflito, é mais difícil para eles ouvirem e assumirem a responsabilidade de resolver o problema? Usar Incômodos e desejos é uma forma de dizer com calma e clareza o que você está pensando e sentindo, e o que você gostaria que acontecesse. "Incômodos" significa compartilhar o que o incomoda, e "Desejos" significa dizer o que você gostaria que acontecesse. Os

Incômodos e desejos

outros podem não lhe dar o que você deseja, mas é útil saber como expressar respeitosamente o que você sente, tornando mais provável que você encontre soluções com a outra pessoa.

Vamos praticar

Escolha uma ou mais das seguintes atividades, dependendo da idade da(s) criança(s) e do tempo disponível. Esteja atento às percepções baseadas na cultura e nas experiências vividas.

1. Faça uma joaninha e uma varinha de desejos. (Ver exemplo a seguir.)
2. Use a seguinte frase para dizer "Incômodos" e "Desejos":
   "Eu me incomodo quando (p. ex., as pessoas quebram minhas coisas), e gostaria (p. ex., que elas fossem mais cuidadosas)."
   Agora, diga a frase anterior enquanto levanta a joaninha quando disser a parte dos incômodos, e erga a varinha quando disser a parte do desejo.
3. Aqui estão algumas situações em que você pode se sentir "incomodado". Pense em uma frase para cada uma e levante as varinhas enquanto diz seus Incômodos e desejos. Tente dizer o que você gostaria que a pessoa fizesse (sugerindo uma solução) em vez de dizer "Eu gostaria que você parasse".

- Você está se preparando para o treino de futebol e percebe que sua irmã não devolveu a bola que ela pegou emprestada.
  "Eu me incomodo quando _____ *e desejo* _____."

- Você terminou sua parte do trabalho em grupo no prazo, mas seu colega não.
  "Eu me incomodo quando _____ *e desejo* _____."

- Você entra no banheiro para tomar banho e percebe que seu irmão deixou toalhas jogadas e o chão molhado.
  "Eu me incomodo quando _____ *e desejo* _____."

- Você concordou em almoçar com sua amiga e a vê sentada em outra mesa com alguém.
  "Eu me incomodo quando _____ *e desejo* _____."

- Você está conversando com seu amigo e outra pessoa interrompe a conversa.
  "Eu me incomodo quando _____ *e desejo* _____."

Usar as varinhas de incômodos e desejos é especialmente útil durante as reuniões de classe e família, mas você pode usar a linguagem de incômodos e de desejos a qualquer momento.

4. Para nos ajudar a lembrar dessa ferramenta, vamos ler juntos a rima:
   Se quiser que os outros escutem o que você tem a dizer, compartilhe seus sentimentos de maneira diferente da que costuma fazer.

Mente calma, corpo calmo

Quando seu corpo e mente estão girando sem parar, técnicas de relaxamento podem ajudar a se acalmar.

Vamos refletir

1. Observe a ilustração:
   - O que as crianças estão fazendo?
   - Como você acha que elas se sentem?
2. Você já sentiu que tinha muita energia em seu corpo? Como é isso? (Sinta-se livre para demonstrar!)
3. Você já notou que, às vezes, os pensamentos estão girando e girando em sua cabeça? Como você se sente quando isso acontece? O que você quer fazer?
4. O que você tentou no passado para acalmar sua mente ou corpo?

Você sabia

Você sabia que seu cérebro é poderoso? Existem partes que ajudam você a pensar, fazer escolhas e resolver problemas. Outras partes mantêm seu corpo funcionando e afetam a maneira como você se sente. Quando está se sentindo chateado ou estressado, há coisas que você pode fazer para acalmar sua mente e seu corpo. Elas são conhecidas como ferramentas ou exercícios de equilíbrio. Muitas culturas usam orações diárias, meditação, ioga ou exercícios em grupo para se equilibrar.

Vamos praticar

Escolha uma ou mais das seguintes atividades, dependendo da idade da(s) criança(s) e do tempo disponível. Esteja atento às percepções baseadas na cultura e nas experiências vividas.

1. Respiração profunda: uma das maneiras mais fáceis de encontrar o equilíbrio é respirar fundo algumas vezes. Isso pode ser feito a qualquer hora e em qualquer lugar.

   a. Respiração profunda simples – Inspire lentamente pelo nariz. Algumas pessoas acham que ajuda contar até 5 mentalmente. Ou imagine que você sente o cheiro de uma flor doce. Prenda a respiração por um segundo e expire lentamente pela boca enquanto conta até 5, ou imagine que está soprando velinhas de aniversário. Faça isso de 1 a 5 vezes. Como foi essa experiência para você?

   b. Torne isso divertido – Levante-se. Inspire lentamente pelo nariz, imaginando que você é um balão que aumenta a cada pouquinho de ar que inala. Permita que seu corpo se expanda, braços acima da cabeça, peito estufado, olhos bem abertos. Segure por um segundo, depois solte, imaginando que você é o mesmo balão esvaziando e voando pela sala até que todo o ar saia e você caia suavemente no chão. Como você se sentiu?

2. Imagine que você é uma árvore. Feche os olhos se você se sentir confortável. Suas pernas são o tronco e as raízes estão crescendo a partir da planta dos pés e ancorando-o com segurança no chão. Imagine que a parte superior do seu corpo é composta pelos galhos e folhas da árvore. Sinta uma brisa suave soprando e balance suavemente para a frente e para trás por 1 a 2 minutos. Não se esqueça de respirar lentamente enquanto faz isso.

3. Cinco sentidos: visão, audição, tato, olfato, paladar. Olhe ao seu redor e descreva:

   a. 5 coisas que você pode ver.

   b. 4 coisas que você pode ouvir.

   c. 3 coisas que você pode tocar.

   d. 2 coisas que você pode cheirar.

   e. 1 coisa que você pode provar.
   Como você se sentiu?

Guia de atividades da Disciplina Positiva

4. Homem de lata e espantalho
   a. Primeiro, contraia todo o seu corpo como se fosse o homem de lata em *O mágico de Oz*. Caminhe rigidamente pela sala como o homem de lata andaria. Após cerca de 20 segundos, relaxe e sacuda os músculos.
   b. Agora, imagine que você é o espantalho. Solte o corpo como se fosse de palha. Agora atravesse a sala dessa maneira.
      Como você se sentiu?
5. Seja criativo! Desenhe, fale ou escreva sobre um lugar real ou imaginário que você acha que pode acalmar sua mente e seu corpo. Algumas coisas a considerar ao desenvolver seu lugar calmo:
   - Onde é o seu lugar calmo? (Dentro de casa ou ao ar livre?)
   - O que você levaria lá com você? (Comida? Música? Bichos de pelúcia? Cobertores? Brinquedos? Algo mais?)
   - Você teria alguém lá com você?
   - Que cores convidam você a se sentir calmo?
   - Que sons convidam você a se sentir calmo?
6. Para nos ajudar a lembrar dessa ferramenta, vamos ler juntos a rima: *Quando seu corpo e mente estão girando sem parar, técnicas de relaxamento podem ajudar a se acalmar.*

Cuidar

Podemos mostrar que nos preocupamos a qualquer hora, em qualquer lugar.

> Podemos mostrar que nos preocupamos a qualquer hora, em qualquer lugar.

Vamos refletir

1. Observe a ilustração. O que você vê acontecendo?
2. O que significa se importar com outra pessoa?
3. Quem se importa com você? O que essa pessoa faz para mostrar que se importa?
4. Com quem você se importa? O que você faz para mostrar que se importa?

Você sabia

Você sabia que o ser humano nasceu para cuidar? Cuidar significa mostrar bondade e preocupação com os outros. Precisamos uns dos outros para ter um senso de pertencimento, dando e recebendo amor. Também precisamos uns dos outros para nos sentirmos importantes por meio da responsabilidade e das contribuições que fazemos uns aos outros e à nossa sociedade. Isso é cuidar.

Cada pessoa, família e cultura tem suas próprias formas únicas de demonstrar carinho. Quando mostramos que nos importamos com as necessidades e sentimentos dos outros, e quando eles fazem o mesmo por nós, isso pode fazer uma grande diferença na vida deles e na nossa.

Vamos praticar

Escolha uma ou mais das seguintes atividades, dependendo da idade da(s) criança(s) e do tempo disponível. Esteja atento às percepções baseadas na cultura e nas experiências vividas.

1. No lado esquerdo desta tabela, liste 6 pessoas de quem você gosta. Dos exemplos a seguir, escolha pelo menos uma forma de demonstrar carinho por cada pessoa e escreva isso no lado direito da tabela.

1.	
2.	
3.	
4.	
5.	
6.	

Exemplos de demonstração de carinho:

- Diga à pessoa que você se importa com ela.
- Perceba quando a pessoa está se sentindo pra baixo e pergunte se ela está bem.
- Sorria.
- Cumpra suas promessas.
- Pergunte à pessoa como ela está ou como foi o dia dela.
- Conte uma boa piada.
- Ofereça a sua ajuda.
- Ouça sem interromper quando outras pessoas estão falando.
- Planeje eventos ou encontros com colegas.
- Aprenda sobre sua cultura e tradições.
- Ofereça algo para compartilhar.
- Ofereça um abraço.
- Elogie ou agradeça.
- Se ofereça para ajudar na limpeza ou pergunte "Posso fazer alguma coisa para ajudar?".
- Escreva um bilhete carinhoso.
- Faça um desenho para a pessoa.
- Passe algum tempo com ela.
- Interesse-se pelos interesses dela.
- Seja paciente.
- Defenda-a.
- Arrecade fundos para uma necessidade dela.
- Valide os sentimentos da pessoa.
- Pergunte quais são as ideias dela.
- Peça desculpas quando cometer um erro.
- Assuma a responsabilidade pela sua parte.
- (Sua ideia) _____

Como você se sentiria ao praticar esses atos de carinho?
Como você acha que a pessoa pode responder?

2. (Outra maneira de usar a lista anterior.) Vou ler vários exemplos de como demonstrar carinho. Depois de cada um, farei uma pausa longa o suficiente para você pensar em alguém com quem poderia usar essa forma de cuidar. Quando terminar, vou perguntar se alguém quer compartilhar sua maneira favorita de cuidar.

3. Existem outras maneiras de demonstrar carinho. Para as três áreas a seguir, faça uma lista de três coisas que você pode fazer. Em seguida, compartilhe como você se sentiria fazendo esses atos de carinho.

   a. Cuidar do meio ambiente:

      1. _____
      2. _____
      3. _____

   b. Cuidar das pessoas ou grupos em sua comunidade que precisam de ajuda ou encorajamento:

      1. _____
      2. _____
      3. _____

   c. Cuidar de si mesmo:

      1. _____
      2. _____
      3. _____

4. Para nos ajudar a lembrar dessa ferramenta, vamos ler juntos a rima: *Podemos mostrar que nos preocupamos a qualquer hora, em qualquer lugar.*

Escolhas e consequências

> **Quaisquer que sejam as escolhas que decidir fazer, considere as consequências para o bem de todos que envolver.**

Vamos refletir

1. Observe a ilustração:
   - Quais são as duas opções que esta criança está pensando em escolher?
   - Cite algumas consequências de cada escolha, tanto positivas como negativas.
   - Qual você escolheria? Por quê?
2. Compartilhe uma escolha que você fez no passado que não gostou da consequência. O que você poderia ter feito diferente?
3. Compartilhe uma escolha que você fez que gostou da consequência. Explique por quê.

Você sabia

Você sabia que uma escolha é qualquer coisa que você decide pensar, fazer ou dizer? Toda escolha tem uma consequência, o que significa simplesmente que algo acontece como resultado de sua escolha. Geralmente pensamos nas consequências como algo ruim, mas as consequências podem ser positivas, negativas ou neutras.

Exemplos:
- Quando você sorri para alguém, qual é a consequência? A pessoa geralmente sorri de volta.
- Quando você joga uma bola para cima, qual é a consequência? Ela cai.
- Quando você fica acordado até tarde, qual é a consequência? Você fica cansado no dia seguinte.

Escolhas e consequências

As escolhas que você faz podem ser influenciadas pelo seu humor, crenças, objetivos ou normas culturais. Pensar antecipadamente nas possíveis consequências ajuda você a fazer escolhas melhores. Quatro perguntas para fazer escolhas responsáveis:
- É seguro?
- É útil?
- É respeitoso?
- Isso se encaixa nos meus valores pessoais, familiares ou culturais?

Vamos praticar

Escolha uma ou mais das seguintes atividades, dependendo da idade da(s) criança(s) e do tempo disponível. Esteja atento às percepções baseadas na cultura e nas experiências vividas.

1. Faça linhas para conectar as escolhas à esquerda com as consequências à direita. Compartilhe o motivo por que você escolheu suas respostas.
Nome:_____

ESCOLHAS	CONSEQUÊNCIAS
Fazer lição de casa	Sentimentos feridos
Ficar acordado até tarde	Ele se sente grato
Dizer palavras maldosas a um amigo	Ela cai
Aprender sobre feriados de várias culturas	Sentir cansaço no dia seguinte
Usar um capacete ao andar de bicicleta	Um quarto limpo
Jogar a bola pra cima	A cultura de todos é respeitada
Ajudar alguém a se levantar depois que ele cair	Aprender e tirar boas notas
Guardar os brinquedos	Ficar seguro

2. Para cada um dos exemplos a seguir, veja se consegue apresentar algumas consequências dessas escolhas.
   a. Você não estudou para o teste de ortografia.
   b. Você diz palavras maldosas para um amigo.
   c. Você ajuda a limpar a sala de aula.
   d. Você dá as boas-vindas a uma criança que acabou de se mudar em sua vizinhança.
3. Para as consequências a seguir, veja se consegue pensar em maneiras como poderia planejar com antecedência um resultado diferente.
   a. Você deixou seu lanche em casa.
   b. Sua bicicleta foi roubada depois que você a deixou do lado de fora.
   c. Sua irmãzinha derramou leite no trabalho da escola que você deixou na mesa de jantar.
   d. Você gritou com um amigo porque não teve tempo de se acalmar antes de reagir a algo que ele fez que o deixou com raiva.
4. Para os exemplos a seguir, pense em várias escolhas que você poderia fazer para alcançar as consequências que deseja.
   a. Uma boa nota na aula de matemática.
   b. Fazer parte do teatro da escola, orquestra ou coro.
   c. Sair de casa a tempo para a escola.
   d. Pense em um objetivo pessoal. Que escolhas você precisaria fazer para alcançá-lo?
5. Para nos ajudar a lembrar dessa ferramenta, vamos ler juntos a rima: *Quaisquer que sejam as escolhas que decidir fazer, considere as consequências para o bem de todos que envolver.*

Reconhecimentos

> **Reconhecimento é um excelente jeito de dizer algo gentil que pode melhorar o dia de outra pessoa de maneira sutil.**

Vamos refletir

1. Observe a ilustração. O que está acontecendo?
2. Você alguma vez reconheceu o esforço de alguém por fazer alguma coisa?
   - Como se sentiu ao fazer o reconhecimento?
   - Como a pessoa reagiu?
3. Pense em uma ocasião em que recebeu um reconhecimento.
   - O que a pessoa disse?
   - Como você se sentiu?

Você sabia

Você sabia que uma forma de ajudar as pessoas a se sentirem aceitas e importantes é apreciá-las por suas contribuições, qualidades e/ou conquistas? Você pode perceber que às vezes parece estranho fazer ou receber um reconhecimento. Mesmo que pareça estranho no começo, com a prática fica mais fácil. Reconhecimentos são encorajadores, tanto para a pessoa que os faz como para quem os recebe.

Alguns exemplos:
- Para um colega de classe: "Gostaria de reconhecer o seu esforço ao trabalhar no projeto".
- "Obrigado, pai, por fazer um jantar delicioso ontem à noite."
- Para um amigo: "Eu agradeço o seu espírito de equipe durante aquele jogo difícil".

Reconhecimentos

Também não há problema em reconhecer a si mesmo. Alguns exemplos:

- "Estou orgulhosa de mim mesma por ter decorado o bolo de aniversário da minha mãe."
- "Eu me esforcei muito para passar no teste."
- "Eu caí, mas me levantei."

Vamos praticar

Escolha uma ou mais das seguintes atividades, dependendo da idade da(s) criança(s) e do tempo disponível. Esteja atento às percepções baseadas na cultura e nas experiências vividas.

1. Pratique reconhecer o esforço ou alguma qualidade de alguém usando estas frases iniciadas:
   Quero reconhecer (nome) _____ (por) _____ .
   Obrigado por _____.
   Eu realmente aprecio que você _____.
   Você ajudou quando _____.
   Como foi esse processo para você? Como você se sentiu depois de fazer um reconhecimento? Como a outra pessoa respondeu?
2. Para nos ajudar a lembrar dessa ferramenta, vamos ler juntos a rima:
   Reconhecimento é um excelente jeito de dizer algo gentil que pode melhorar o dia de outra pessoa de maneira sutil.

Próximos passos

Crie uma caixa de reconhecimentos para sua casa ou sala de aula. Você pode usar o formulário a seguir para preencher e colocar na caixa. Compartilhe os reconhecimentos em uma reunião de família ou de classe.

CARTÃO DE RECONHECIMENTO

Eu gostaria de reconhecer/apreciar: _____

por: _____

_____

_____

_____

De: _____

Contribuição

Contribuir é uma maneira de fazer a sua porção. Faz o mundo melhor e enche o seu coração.

Contribuir é uma maneira de fazer a sua porção. Faz o mundo melhor e enche o seu coração.

Vamos refletir

1. Observe a ilustração:
   - O que cada criança está fazendo para ajudar?
   - O que elas podem estar pensando e sentindo?
2. Cite algumas maneiras pelas quais você contribui em casa, na escola ou em sua comunidade.
3. Como as outras pessoas em sua casa, escola ou comunidade contribuem?
4. O que aconteceria se todos parassem de contribuir?

Você sabia

Você sabia que o objetivo principal de todos os seres humanos é ter um senso de pertencimento (amor) e importância (responsabilidade)? Pertencer significa que você é uma parte importante de um grupo. Você desenvolve importância quando se sente capaz e contribui para o grupo. Quando faz contribuições para sua família, escola e comunidade, você percebe um maior senso de pertencimento e importância.

Vamos praticar

Escolha uma ou mais das seguintes atividades, dependendo da idade da(s) criança(s) e do tempo disponível. Esteja atento às percepções baseadas na cultura e nas experiências vividas.

Contribuição

1. Alfred Adler era um psiquiatra do início dos anos 1900. Ele criou uma palavra alemã que pode não ser fácil de dizer. A palavra é _Gemeinschaftsgefühl_. Significa "sentimento social" – um forte desejo de contribuir para a sociedade.
Vamos praticar dizendo: "GUH MINE SHAFTS GUH FUEL"
Gemeinschaftsgefühl.

2. Uma das melhores maneiras de sentir importância e responsabilidade é fazer contribuições em casa, na escola e na comunidade. De que forma você pode contribuir nas seguintes situações?
- Manter sua casa e/ou sala de aula limpa e arrumada.
- Estar seguro no parquinho.
- Ter um bom espírito de equipe em um jogo de futebol.
- Apresentar-se para uma pessoa nova em seu local de oração.
- Fazer refeições saudáveis em casa.
- Ser um irmão/irmã encorajador(a).

3. Desenhe ou faça uma lista de coisas que você pode fazer em casa, coisas que você pode fazer na escola e coisas que você pode fazer na comunidade para contribuir. Veja os exemplos.

Família:
- Dar abraços.
- Compartilhar suas ideias em reuniões de família.
- Perguntar: "Tem algo que eu possa fazer para ajudar?".
- Ajudar com alguma coisa ou fazer tarefas domésticas.
- Focar soluções que incluam os 3 R e um U:
  - Relacionado.
  - Razoável.
  - Respeitoso.
  - Útil.

Escola:
- Compartilhar suas ideias nas reuniões de classe.
- Ajudar com tarefas na sala de aula.
- Ajudar os amigos com os trabalhos deles quando você terminar o seu mais cedo.
- Defender alguém que está sendo maltratado.

- Encorajar quando alguém se sentir desanimado.
  - Validando seus sentimentos.
  - Compartilhando uma história sobre algo parecido que aconteceu com você.
  - Perguntando se há algo que você possa fazer para ajudá-lo ou apoiá-lo.

Comunidade:
- Doar dinheiro para uma entidade.
- Participar em uma manifestação por justiça social.
- Recolher o lixo no parque do bairro.
- Reciclar.
- Segurar a porta aberta para alguém.
- Devolver o carrinho de compras que alguém usou.

4. Para nos ajudar a lembrar dessa ferramenta, vamos ler juntos a rima: *Contribuir é uma maneira de fazer a sua porção. Faz o mundo melhor e enche o seu coração.*

Próximos passos

Faça um diário sobre sua experiência de contribuição:
- Cite algumas das contribuições que você fez.
- Como você se sentiu?
- Quais são seus objetivos para futuras contribuições?

Coragem

> Quando não é fácil fazer o que precisa ser feito, use a sua coragem e você vai se sentir satisfeito.

Vamos refletir

1. Observe a ilustração. O que você vê que mostra coragem?
2. Você já viu alguém demonstrar coragem? O que essa pessoa fez? O que você pensou e sentiu sobre isso?
3. Você já esteve em uma situação em que precisou ser corajoso? O que aconteceu?
4. O que você faria se não tivesse medo?

Você sabia

Você sabia que sentir medo não tem que impedir você de fazer o que quer fazer? Você sabia que às vezes os adultos também sentem medo? Mesmo que seja difícil, você pode encontrar coragem dentro de si para fazer o que precisa ser feito.

Há muitas maneiras de mostrar coragem. Às vezes ter coragem é fazer uma coisa assustadora, e às vezes ter coragem é fazer o que é certo, não importa o que aconteça. Mostrar coragem é uma maneira importante de ser o melhor de si.

Vamos praticar

Escolha uma ou mais das seguintes atividades, dependendo da idade da(s) criança(s) e do tempo disponível. Esteja atento às percepções baseadas na cultura e nas experiências vividas.

1. Aqui estão algumas situações que podem ser difíceis de enfrentar ou que exigiriam coragem. Como você lidaria com elas?
   a. Seu treinador de natação quer que você tente pular do trampolim e você está com medo.
   b. Você vê uma aluna na escola sendo ridicularizada pelos outros porque ela usa aparelho nos dentes.
   c. Você pegou o lápis do seu colega porque tem o seu personagem favorito nele. Mais tarde, ele pergunta se foi você quem pegou.
   d. Você sente que seu treinador o tratou de maneira injusta por não lhe dar tempo suficiente no campo.
2. Desenhe ou escreva sobre uma ocasião em que você demonstrou coragem. Compartilhe sua foto ou o que você escreveu e o que aprendeu com ela.
3. Para nos ajudar a lembrar dessa ferramenta, vamos ler juntos a rima: *Quando não é fácil fazer o que precisa ser feito, use a sua coragem e você vai se sentir satisfeito.*

Próximos passos

Peça a um adulto de sua escolha para compartilhar uma ocasião em que encontrou coragem para fazer algo difícil.

Anotações

Decida o que você vai fazer

Decidir o que você vai fazer significa respeitar o que acha certo realizar.

Decidir o que você vai fazer significa respeitar o que acha certo realizar.

Vamos refletir

1. Observe a ilustração. O que você vê acontecendo?
2. O que aconteceria se o menino que está lendo o livro também tentasse fazer seus amigos lerem? O que aconteceria se os amigos tentassem fazê-lo usar o celular?
3. Compartilhe uma situação em que um amigo tentou obrigá-lo a fazer algo que você não queria. O que você achou? O que você sentiu? O que você decidiu fazer?
4. Compartilhe uma situação em que você tentou obrigar alguém a fazer algo que você queria que ele fizesse. O que aconteceu?

Você sabia

Você sabia que não pode controlar o que os outros fazem? Você só pode controlar o que você faz. Você mostra respeito por si mesmo quando decide o que fará e mostra respeito pelos outros quando permite que eles decidam por si mesmos o que farão. Às vezes é preciso coragem para fazer algo diferente do que os outros estão fazendo.

Vamos praticar

Escolha uma ou mais das seguintes atividades, dependendo da idade da(s) criança(s) e do tempo disponível. Esteja atento às percepções baseadas na cultura e nas experiências vividas.

Decida o que você vai fazer

1. O que você decidiria fazer nas seguintes situações? Diga por que você fez essas escolhas. Considere quais escolhas faria você se sentir culpado ou triste depois, e quais escolhas o ajudariam a se sentir orgulhoso de si mesmo depois.

- Seus amigos convidam você para ir a uma casa mal-assombrada no Halloween com eles, mas você tem medo do que pode ter lá dentro. Você:
   a. Vai de qualquer maneira para que eles não riam de você.
   b. Diz a eles que você não gosta de casas mal-assombradas.
   c. Vai, mas espera do lado de fora enquanto eles entram.
   d. Dá uma sugestão para fazer algo diferente em vez disso, por exemplo, pedir doces.
   e. Outras ideias: _____.

- Seu amigo diz que não será mais seu amigo se você brincar com um aluno novo na escola. Você:
   a. Ignora o aluno novo para que seu amigo não fique chateado.
   b. Brinca com o aluno novo e ignora seu amigo.
   c. Convida seu amigo para brincar com você e o aluno novo juntos.
   d. Avisa seu amigo que você ainda é amigo dele, não importa com quem você brinca.
   e. Outras ideias: _____.

- Seu irmão mais velho quer que você vá assistir ao concerto de violino dele e você foi convidado para a festa de aniversário do seu melhor amigo ao mesmo tempo. Você:
   a. Vai para a festa do seu amigo.
   b. Vai ao concerto do seu irmão.
   c. Vai ao concerto e comemora mais tarde com seu amigo.
   d. Assiste a uma parte do concerto e depois vai para a festa.
   e. Outras ideias: _____.

Pode ter parecido fácil decidir o que você faria ao pensar nas situações anteriores. Quando a situação está realmente acontecendo, pode ser muito mais difícil. Cite algumas razões para isso.

2. Desenhe, escreva ou converse sobre uma situação em que você decidiu fazer algo diferente do que seus amigos estavam fazendo.
3. Para nos ajudar a lembrar dessa ferramenta, vamos ler juntos a rima: *Decidir o que você vai fazer significa respeitar o que acha certo realizar.*

Próximos passos

Peça a um adulto que conte uma situação em que decidiu fazer algo diferente do que os outros estavam fazendo.

Empatia

> **É bom se sentir compreendido.**

Vamos refletir

1. Observe a ilustração.
   - O que você vê acontecendo?
   - O que você acha que o menino cujo sorvete caiu está pensando e sentindo?
   - O que você acha que o outro menino está pensando e sentindo? O que ele está fazendo para mostrar empatia? O que mais ele poderia dizer ou fazer para mostrar empatia?
2. Compartilhe informações sobre uma situação em que você desejou que alguém tivesse demonstrado empatia por você.
3. Compartilhe informações sobre uma situação em que alguém demonstrou empatia por você. O que ele fez ou disse?
4. Compartilhe informações sobre uma situação em que você sentiu empatia por outra pessoa. O que você fez ou disse para mostrar isso?

Você sabia

Você sabia que ter empatia não significa sentir pena de alguém que está magoado ou chateado? Significa dizer ou fazer coisas para estabelecer uma conexão e ajudar a pessoa a se sentir compreendida. Quando demonstramos empatia pelos outros, somos capazes de entender como eles se sentem e transmitimos a mensagem de que não estão sozinhos. Quando sentimos a empatia dos outros, somos mais capazes de nos curar de mágoas ou decepções.

Empatia

Vamos praticar

Escolha uma ou mais das seguintes atividades, dependendo da idade da(s) criança(s) e do tempo disponível. Esteja atento às percepções baseadas na cultura e nas experiências vividas.

1. Aqui estão algumas maneiras de expressar empatia:
   a. **Escute:** "Você quer falar sobre isso?".
   b. **Valide os sentimentos:** "Isso parece muito difícil".
   c. **Ofereça a sua ajuda:** "Do que você precisa?".
   d. **Seja encorajador:** "Estou aqui para você".

   Escolha uma ou mais das seguintes situações. O que você pode dizer ou fazer para expressar empatia?
   - Um colega da escola diz a você: "Ninguém quer brincar comigo".
   - O cachorro dos seus vizinhos fugiu.
   - Seu colega de equipe está triste por ter perdido o jogo.
   - Seu amigo está triste porque o pai dele, que trabalha no Exército, não estará em casa para comemorar um feriado importante.
   - Um amigo não passou em uma prova difícil de matemática.
   - Seu irmão quebrou o braço.
   - Sua irmã não foi convidada para uma festa.
   - Seu amigo sofreu *bullying*.
   - Os pais do seu amigo estão se divorciando.

2. Você também pode mostrar empatia consigo mesmo quando estiver se sentindo para baixo ou desanimado. Pense em uma situação em que qualquer uma destas palavras ou ações ajudaria:

   Palavras:
   - "Vou superar isso."
   - "Eu sou importante."
   - "Posso não ter a resposta agora, mas vou descobrir."
   - Em que mais você pode pensar? _____

Ações:
- Converse com alguém em quem você confia.
- Ioga, oração, meditação, respiração.
- Lembre-se de que erros são aceitáveis e nos ajudam a aprender.
- Em que mais você pode pensar?_____

3. Para nos ajudar a lembrar dessa ferramenta, vamos ler juntos a rima: *É bom se sentir compreendido.*

Encorajamento

> **Assim como a água ajuda a planta a crescer, o encorajamento dá forças para nos ajudar a florescer.**

Vamos refletir

1. Observe a ilustração. O que você vê acontecendo?
   - Como você acha que a atleta que corre está se sentindo?
   - O que você vê as outras crianças fazendo ou dizendo?
2. Pense em uma situação em que você fez algo difícil ou se sentiu desanimado. Cite algumas coisas que as pessoas disseram ou fizeram que ajudaram você a se sentir encorajado.
3. Pense em uma situação na qual você encorajou outra pessoa. O que você disse ou fez? Como ela reagiu?
4. O que você acha que significa encorajamento?

Você sabia

Você sabia que no meio da palavra encorajamento existe outra palavra? Essa palavra é "coragem". Quando encorajamos a nós mesmos e aos outros, isso nos ajuda a crescer e a nos tornarmos as pessoas que queremos ser, a nos sentirmos capazes, a sermos resilientes, a aproveitarmos a vida, a sermos felizes e a contribuir.

Quando nos sentimos desencorajados, não estamos sendo o melhor de nós mesmos e é mais provável que nos retraiamos e nos sintamos com raiva, solitários ou com vontade de desistir. É por isso que o encorajamento é tão importante, porque nos ajuda a nos sentirmos melhor a nosso respeito, mais confiantes para tentar coisas difíceis e a termos mais facilidade em nos conectarmos com os outros. Em outras palavras, quando nos sentimos melhor, agimos melhor!

Encorajamento

Vamos praticar

Escolha uma ou mais das seguintes atividades, dependendo da idade da(s) criança(s) e do tempo disponível. Esteja atento às percepções baseadas na cultura e nas experiências vividas.

1. Aqui estão alguns exemplos de frases encorajadoras. Observe quais você gostaria de ouvir e por quê.
   a. Eu posso ver o quanto você está trabalhando.
   b. Obrigado por toda a sua ajuda.
   c. Você está melhorando nisso a cada dia!
   d. Toca aqui!
   e. Você me faz sorrir.
   f. Eu amo sair com você.
   g. Ninguém é perfeito – podemos continuar trabalhando nisso.
   h. Vamos fazer isso juntos.
   i. Veja até onde você chegou.
   j. Obrigado por ser um bom amigo.
2. Leia os exemplos a seguir e veja se consegue pensar em três frases encorajadoras que você poderia usar com um amigo para cada situação.
   a. Seu amigo está triste porque errou várias palavras na prova de ortografia, apesar de ter estudado muito.
   b. Seu time perdeu o último jogo da temporada. Uma das atletas diz que não jogará novamente no próximo ano porque não é divertido perder.
   c. Seu irmãozinho finalmente aprendeu a amarrar os sapatos, mas, quando tentou mostrar para sua avó, não conseguiu.
3. Também é importante encorajar a si mesmo! Você pode ter ouvido falar de "afirmações positivas". Afirmações positivas são palavras que usamos para nos encorajarmos. A seguir estão algumas afirmações para você começar. Você consegue pensar em outras mais?

Guia de atividades da Disciplina Positiva

a. Eu me amo.

b. Estou satisfeito com o que fiz.

c. Não sou perfeito, mas estou fazendo o meu melhor.

d. Eu amo a cor da minha pele e a textura do meu cabelo.

e. Eu não vou desistir!

f. Posso aprender com meus erros.

g. Eu tenho confiança em mim mesmo.

h. Tudo bem pedir ajuda.

Adicione as suas a seguir:

a. _____

b. _____

c. _____

d. _____

e. _____

4. Na figura da página 56, faça um desenho seu embaixo das gotas d'água, erguendo-se alto e satisfeito. Nas gotas, escreva palavras encorajadoras que você pode dizer para si mesmo ou que outras pessoas podem dizer para ajudá-lo a se sentir encorajado.

5. Para nos ajudar a lembrar dessa ferramenta, vamos ler juntos a rima: *Assim como a água ajuda a planta a crescer, o encorajamento dá forças para nos ajudar a florescer.*

Próximos passos

1. Crie um quadro de encorajamento em sua casa ou sala de aula. Escreva vários bilhetes com frases ou afirmações encorajadoras e cole-os no quadro. Sempre que alguém precisar de encorajamento, pode ir até o quadro e pegar o que precisa. Para garantir que o quadro não fique sem encorajamento, certifique-se de fazer novas anotações para que sempre haja algum encorajamento para os outros!

2. Muitas pessoas acham que as letras das músicas são muito encorajadoras. Aqui estão algumas que você poderia ouvir:

- *Happy*, de Pharrell Williams.
- *Hakuna Matata*, de Elton John.
- *Get Back Up Again*, de Anna Kendrick.
- *Can't Stop the Feeling*, de Justin Timberlake.
- *Firework*, de Katy Perry.
- *Brave*, de Sara Bareilles.
- Você consegue pensar em alguma música brasileira que o ajude a se sentir feliz e motivado? Qual é a letra da música que o encoraja?

Guia de atividades da Disciplina Positiva

Sentimentos

Bravo, feliz, triste, assustado

Quando você nomeia com palavras a maneira como se sente, pode aprender a ser mais gente.

> **Quando você nomeia com palavras a maneira como se sente, pode aprender a ser mais gente.**

Vamos refletir

1. Observe a ilustração. Você consegue identificar estes quatro sentimentos?

Bravo   Feliz   Triste   Assustado

2. Fale sobre uma situação em que você sentiu cada um deles.
3. Mostre com seu corpo e rosto como é cada um desses sentimentos.

Você sabia

Você sabia que todos nós vivenciamos muitos sentimentos todos os dias? Os sentimentos são uma das formas como reagimos no mundo. Quando algo acontece, às vezes, antes mesmo de ter a chance de pensar sobre o que acabou de acontecer, você começa a vivenciar os sentimentos em seu corpo. Existem muitas palavras para os sentimentos que temos, mas a maioria se enquadra em uma das quatro categorias básicas. Elas são:

Bravo   Feliz   Triste   Assustado

Seus sentimentos o ajudam a decidir como agir. Por exemplo, quando você ouve a campainha e não está esperando uma visita, pode ficar animado e curioso sobre quem veio visitá-lo, ou pode ficar preocupado. Se você estiver preocupado, pode decidir ir para o seu quarto e esperar até que um adulto diga quem estava na porta. Se você se sentir animado, pode correr direto para a porta e abri-la para ver por si mesmo.

Ao longo deste guia, faremos perguntas como:

- O que você estava pensando?
- Como você estava se sentindo?
- O que você acha que a outra pessoa estava sentindo?
- O que você decidiu fazer?

Fazemos essas perguntas porque ser capaz de identificar sentimentos lhe dá uma melhor compreensão de si mesmo e dos outros. Haverá várias atividades ao longo destas páginas que falarão sobre como lidar com suas

Perdão

> **Sentir-se magoado é uma realidade dura. Escolha o perdão para começar a cura.**

Vamos refletir

1. Observe a ilustração. O que você vê acontecendo?
2. Você já perdoou alguém?
   a. Por que você decidiu perdoar essa pessoa?
   b. O que você fez para deixar pra lá (soltar) o que aconteceu?
   c. Como você se sentiu depois de perdoar?

Você sabia

Você sabia que perdoar alguém não significa que o que a pessoa fez ou disse está certo? Então, o que significa? Significa decidir deixar de lado a mágoa ou a raiva e não permitir que ela corroa você por dentro. Quando você retém a raiva ou a mágoa, isso machuca seu corpo. Decidir soltá-la cura seu corpo e você provavelmente se sentirá mais leve, mais feliz e terá uma sensação de paz.

O perdão leva tempo e pode não remover completamente os sentimentos ou a lembrança do que aconteceu, mas permite que você deixe de culpar a outra pessoa e de querer que ela "pague" pelo que fez. Só que não é fácil. O perdão é uma habilidade de vida que você pode precisar praticar repetidamente.

O que nos ajuda a perdoar:
1. **Soltar (deixar pra lá):** segurar a raiva machuca você. Soltar a raiva o cura. Concentre-se no futuro em vez do passado.
2. **Tempo:** é útil esperar até que você esteja calmo e pronto. O perdão é muito mais difícil quando você ainda está se sentindo chateado. Pode ser útil respirar profundamente ou conversar com alguém que possa ajudá-lo a se acalmar.

Perdão

3. **Escolher a paz interior:** você pode decidir o que precisa fazer para se sentir melhor por dentro. Quando você encontra coragem para perdoar, isso não precisa incluir fazer as pazes com a pessoa ou receber um pedido de desculpas. A outra pessoa nem precisa saber. Trata-se de escolher a felicidade e a saúde para si mesmo e de seguir em direção à sua própria paz interior.

Vamos praticar

Escolha uma ou mais das seguintes atividades, dependendo da idade da(s) criança(s) e do tempo disponível. Esteja atento às percepções baseadas na cultura e nas experiências vividas.

1. Mark Twain, um escritor americano, disse: *"A raiva é um ácido que pode causar mais danos ao recipiente em que é armazenado do que a qualquer coisa em que seja derramado"*.
    a. O que você acha que o Sr. Twain quer dizer com a palavra "recipiente"?
    b. O que o Sr. Twain está dizendo nessa frase?
    c. De que maneira o seu corpo pode ser semelhante a um recipiente?
    d. Como isso se relaciona com o perdão?
2. Faça este jogo de palavras cruzadas do perdão.

Nome: _____ Data: _____

Guia de atividades da Disciplina Positiva

Palavras cruzadas do perdão

1 Raiva   2 Certo   3 Recipiente   4 Cura   5 Futuro   6 Desculpas   7 Acalmado

1. Perdoar inclui soltar o sentimento de _____.
2. Perdoar alguém não significa que o que ele fez está _____.
3. A raiva faz mais mal para o _____ em que ela está guardada do que para qualquer coisa em que seja derramada.
4. Quando escolhemos perdoar, isso nos ajuda a nos sentirmos melhor e a encontrarmos a _____.
5. Quando perdoa, você está focando o _____ em vez do passado.
6. Você pode perdoar mesmo se a outra pessoa não pedir _____.
7. É difícil perdoar a menos que tenhamos nos _____ primeiro.

3. Pense em uma situação em que seus sentimentos foram feridos. Faça um desenho ou escreva uma carta sobre sua raiva. Em seguida, amasse a carta e jogue-a fora. Aqui está um exemplo do que você pode escrever.

Querido, _____

Quando você _____,

eu me senti _____.

Não quero mais guardar rancor ou raiva de você e escolho perdoá-lo

por _____ .

Eu escolho focar o futuro para poder viver uma vida feliz e saudável.

Sinceramente,

_____

Como foi fazer esse exercício?

_____

_____

4. Para nos ajudar a lembrar dessa ferramenta, vamos ler juntos a rima: *Sentir-se magoado é uma realidade dura. Escolha o perdão para começar a cura.*

Anotações

Estabelecer metas

> **Quando se sentir perdido, pode ser que estejam faltando metas de vida, pois são elas que mantêm você na linha.**

Vamos refletir

1. Observe a ilustração. O que está acontecendo?
2. Compartilhe uma situação em que você tinha uma meta, mas não conseguiu alcançá-la.
   a. O que aconteceu?
   b. O que você poderia ter feito diferente?
3. Compartilhe um momento em que você definiu e alcançou uma meta.
   a. O que foi preciso para atingir essa meta?
   b. Como você se sentiu?

Você sabia

Você sabia que viver a vida sem metas é como estar em um barco sem leme? Pode ser divertido ficar à deriva por um tempo, mas você pode não gostar de onde vai parar. Uma meta é uma decisão que você toma sobre algo que deseja realizar. Assim como um leme leva um barco na direção que você escolher, ter e alcançar metas dá sentido, direção e propósito à vida.

As metas podem ser grandes ou pequenas, de curto prazo (como concluir um projeto escolar) ou de longo prazo (como aprender a tocar um instrumento). Atingir metas não é comparar-se com os outros. Suas metas são pessoais, só para você, e alcançá-las pode trazer sentimentos de confiança e satisfação.

Estabelecer metas

Vamos praticar

Escolha uma ou mais das seguintes atividades, dependendo da idade da(s) criança(s) e do tempo disponível. Esteja atento às percepções baseadas na cultura e nas experiências vividas.

1. Alcançar metas tem três etapas: Decidir, Agir, Revisar.
   - **Decidir.** Escolha uma meta que deseja alcançar.
     Exemplo:
     - "Quero melhorar no futebol."
   - **Agir.** Pense nas etapas que você precisa seguir para atingir a meta e, em seguida, coloque-as em ação. Se você não tem certeza dos passos para alcançar a sua meta, peça ajuda.
     Exemplos:
     - Pedir que o treinador passe exercícios para você praticar em casa.
     - Colocar num cronograma quantas vezes por semana você vai treinar.
   - **Revisar.** Acompanhar seu progresso.
     Exemplo:
     - Pergunte a si mesmo: Atingi meu objetivo?
     - Se sim, comemore! Se não, considere o que mais você pode fazer.

   Escolha um ou mais dos itens seguintes para aplicar as três etapas de estabelecimento de metas.

   a. Meta
      - **Decidir:** Ir bem na escola para ter mais opções para o meu futuro.
      - **Agir:** _____
      - **Revisar:** _____
   b. Meta
      - **Decidir:** Fazer amigos na minha nova escola.
      - **Agir:** _____
      - **Revisar:** _____

Guia de atividades da Disciplina Positiva

    c. Agora pense na sua própria meta:
- ⊙ **Decidir:** _____
- ⊙ **Agir:** _____
- ⊙ **Revisar:** _____

2. Circule quais dicas a seguir o ajudariam a alcançar sua meta.
   - a. Encontrar alguém com uma meta semelhante para ser um "companheiro de sucesso", a fim de encorajarem e manterem um ao outro no caminho certo.
   - b. Dividir a meta em pequenos passos. (Ver a atividade "Pequenos passos").
   - c. Aceitar que algumas etapas podem ser difíceis ou não ser o que você deseja fazer, como estudar ou praticar.
   - d. Manter o "olho no prêmio" para se manter motivado.
   - e. Ser flexível e paciente.
   - f. Incluir metas que sejam agradáveis.
   - g. Encontrar um mentor. Pode ser alguém que você admira ou alguém que irá treiná-lo.

3. Crie um Quadro de inspiração ou da sua meta. Faça uma colagem em um pôster usando palavras e imagens que o ajudem a visualizar uma meta específica ou o que você deseja em sua vida. Você pode usar revistas ou a internet para encontrá-las e colá-las no quadro. Você pode incluir imagens de si mesmo tendo concluído a meta ou frases que o inspirem. Seja criativo! Coloque o quadro em um lugar onde você o veja todos os dias para mantê-lo focado em suas metas e sonhos.

4. Para nos ajudar a lembrar dessa ferramenta, vamos ler juntos a rima: *Quando se sentir perdido, pode ser que estejam faltando metas de vida, pois são elas que mantêm você na linha.*

Gratidão

> **Ser grato é uma atitude do coração. Outra palavra para isso é gratidão.**

Vamos refletir

1. Observe a ilustração.
   - O que ela está pensando?
   - O que ela está sentindo?
2. O que é gratidão e por que é importante?
3. Cite algumas das coisas em sua vida pelas quais você é grato.
4. Compartilhe informações sobre uma situação em que você expressou gratidão a alguém. Era sobre o quê? Como a pessoa reagiu? Como foi para você?

Você sabia

Você sabia que ser grato pode realmente torná-lo mais feliz? É verdade! As pessoas que praticam a gratidão são mais otimistas, sentem-se melhor física e emocionalmente e até dormem melhor. A gratidão pode ser tão simples quanto lembrar de dizer "obrigado", ou você pode querer reservar um tempo para escrever um diário da gratidão.

Vamos praticar

> Escolha uma ou mais das seguintes atividades, dependendo da idade da(s) criança(s) e do tempo disponível. Esteja atento às percepções baseadas na cultura e nas experiências vividas.

1. Às vezes é difícil pensar em todas as coisas pelas quais você é grato, especialmente quando você não está de bom humor. Aqui estão algumas sugestões que podem ajudar...

- Comece com as pessoas em sua vida:
  - Diga o nome de alguém em sua família por quem você é grato.
  - Diga o nome de um amigo pelo qual você é grato.
  - Diga o nome de alguém em sua escola por quem você é grato.
  - Diga o nome de qualquer outra pessoa por quem você é grato.
- Comece do pequeno para o grande:
  - Cite algo pelo qual você é grato no seu corpo.
  - Cite algo pelo qual você é grato no seu quarto.
  - Cite algo pelo qual você é grato na sua casa.
  - Cite algo pelo qual você é grato na sua comunidade (escola, bairro etc.).
  - Cite algo pelo qual você é grato na sua cultura.
- Tente passar pelo alfabeto:
  - Cite algo pelo qual você é grato que comece com A.
  - Cite algo pelo qual você é grato que comece com B.
  - Escolha uma nova letra do alfabeto todos os dias.
- Tente olhar para diferentes períodos no tempo:
  - Cite algo pelo qual você é grato hoje.
  - Cite algo pelo qual você é grato esta semana.
  - Cite algo pelo qual você é grato e que está por vir.

2. Crie uma caça ao tesouro de gratidão.
   - Encontre algo que faça você se sentir feliz.
   - Encontre algo que ajude alguém a se sentir feliz e dê à pessoa (p. ex., uma flor, um abraço, um favor, um reconhecimento etc.).
   - Encontre algo que seja da sua cor favorita.
   - Encontre algo que tenha um cheiro bom.
   - Encontre algo que o ajude a se sentir calmo.
   - Encontre algo que represente sua cultura.
   - Encontre alguém que você conhece e que o ama.
   - Que outras coisas você pode adicionar à caçada?

3. Refletir sobre os motivos pelos quais você é grato por algo cria uma sensação ainda maior de felicidade.
   - Escolha uma coisa pela qual você é grato e pense em 3 a 5 razões pelas quais você é grato por ela.
   - O que você notou sobre como se sentiu ao pensar nas razões pelas quais estava grato?
4. Para nos ajudar a lembrar dessa ferramenta, vamos ler juntos a rima: *Ser grato é uma atitude do coração. Outra palavra para isso é gratidão.*

Próximos passos

Para continuar sua jornada da gratidão, considere uma das seguintes opções:
- Durante uma reunião de família ou de classe, peça a cada pessoa que compartilhe algo pelo qual é grata.
- Comece um pote da gratidão.
  - Ao notar coisas pelas quais você é grato, escreva o nome delas em tiras de papel e coloque-as no pote. Mais tarde, você pode ler essas tiras de papel quando precisar de um lembrete.
  - Coloque bolinhas de gude ou algo semelhante em uma jarra para simbolizar as coisas pelas quais você é grato. Dessa forma, você pode ver rapidamente quantas coisas você tem para ser grato.
- Comece um diário de gratidão. Escreva coisas pelas quais você é grato todos os dias.
- Tenha um mural da gratidão em família ou na sala de aula. Pendure um pôster onde todos possam alcançá-lo e vê-lo. Todos os membros da família ou da classe podem escrever ou desenhar no cartaz coisas pelas quais são gratos.
- Mostre que você é grato pelo que tem contribuindo para os outros. Pense em maneiras de apoiar alguém que precisa de ajuda ou simplesmente esteja presente para alguém que precisa de um amigo.

Abraços

Abraços podem ser ótimos para superar sentimentos feridos. Peça um quando precisar de conforto ou curativo.

> **Abraços podem ser ótimos para superar sentimentos feridos. Peça um quando precisar de conforto ou curativo.**

Vamos refletir

1. Observe a ilustração.
   - O que você vê acontecendo?
   - Como você acha que elas estão se sentindo?
2. Compartilhe uma situação em que recebeu um abraço. Como você se sentiu?
3. Compartilhe uma ocasião em que você deu um abraço. Como você se sentiu? Como a pessoa reagiu?
4. Cite algumas das pessoas de quem você mais gosta de receber abraços. Por quê?
5. Cite algumas palavras que você pode dizer quando não quiser um abraço.

Você sabia

Você sabia que a ciência mostra que os abraços são saudáveis e curativos? Isso ocorre porque, quando você dá ou recebe um abraço, seu corpo produz substâncias químicas do bem-estar (ocitocina) que ajudam a eliminar a substância química do estresse (cortisol). Os abraços são uma ótima maneira de expressar amor e carinho, bem como de compartilhar sua felicidade ou entusiasmo com outras pessoas.

Algumas pessoas não se sentem confortáveis com abraços. Por esse motivo, você deve pedir permissão antes de abraçar. Não precisa ser esquisito, um simples: "Posso te dar um abraço?" já vale. Também não há problema em dizer "não" quando não quiser um abraço. Se alguém não quiser um abraço ou se você estiver em uma situação em que abraços não são permitidos (p. ex., em algumas escolas, com pessoas que você não conhece bem ou em algumas religiões e culturas), tudo bem. Você pode mostrar que se importa de maneiras diferentes.

Vamos praticar

> Escolha uma ou mais das seguintes atividades, dependendo da idade da(s) criança(s) e do tempo disponível. Esteja atento às percepções baseadas na cultura e nas experiências vividas.

1. Vamos começar nos abraçando. Passe os braços ao redor de si mesmo com as mãos nos ombros opostos.

Aperte-se com força enquanto respira fundo algumas vezes. Algumas pessoas podem achar útil se embalar ou balançar um pouco. Se você se sentir confortável, pode fechar os olhos. Quando estiver pronto, respire fundo pela última vez e solte os braços. Sacuda um pouco os braços se precisar. Como foi?

2. Se abraçar outra pessoa agora for uma opção e você se sentir confortável, tente abraçar um parceiro. Como foi?

3. Quando abraçar os outros não for uma opção, quantas ideias você pode ter sobre formas de se conectar e mostrar carinho?

4. Para nos ajudar a lembrar dessa ferramenta, vamos ler juntos a rima: *Abraços podem ser ótimos para superar sentimentos feridos. Peça um quando precisar de conforto ou curativo.*

Próximos passos

- Na próxima vez que se sentir triste, bravo ou solitário, tente pedir um abraço a alguém de quem você gosta e observe como se sente.

- Quando vir alguém se sentindo desanimado, tente perguntar se essa pessoa gostaria de um abraço. Se ela disser não, você pode perguntar se há outra maneira de ajudar.

- Escolha um bichinho de pelúcia favorito e dê a ele um nome como "Ursinho Carinhoso". Quando alguém em sua família ou na sala de aula parecer um pouco deprimido, compartilhe o Ursinho Carinhoso para abraçá-lo e avise que você também está disponível.

Escutar

Escutar não se trata apenas das palavras que você ouve pelo sentido da audição, é estar presente e ouvir a outra pessoa com atenção.

> **Escutar não se trata apenas das palavras que você ouve pelo sentido da audição, é estar presente e ouvir a outra pessoa com atenção.**

Vamos refletir

1. Observe a ilustração. O que você vê acontecendo?
2. Você já notou, em uma conversa, que os outros não estavam escutando você? O que você pensou e sentiu? O que você fez?
3. A palavra "ESCUTAR" pode ser usada em conjunto com outra palavra: "SILENCIAR". Por que ficar em silêncio é importante para escutar?
4. Como você sabe que alguém está realmente escutando você?

Você sabia

Você sabia que ouvir e escutar não são a mesma coisa? Ouvimos muitos sons ao longo do dia, desde ruídos da rua, máquinas, animais e pessoas conversando, mas quase não percebemos muitos deles. Quando estamos realmente escutando alguém, estamos presentes com essa pessoa. Isso significa dar toda a nossa atenção e foco, e mostra aos outros que eles são importantes e que nos importamos.

Existem alguns erros de escuta comuns que devemos ter cuidado para evitar. Eles incluem:

- Interromper.
- Compartilhar seu lado ou opinião, ou dar conselhos, antes que a outra pessoa termine.
- Estar distraído com coisas como as telas, outras pessoas próximas ou pensando no que você quer dizer a seguir.

Todos nós cometemos esses erros de escuta às vezes. Se você deseja que os outros se sintam escutados e saibam que você se importa, é útil lembrar de escutar com os olhos e os ouvidos abertos, e os lábios fechados.

Também ajuda ficar alguns segundos refletindo sobre o que o falante disse antes de responder. Isso ajuda a garantir que ele tenha terminado de falar e dá a você tempo para chegar a uma resposta ponderada.

Vamos praticar

Escolha uma ou mais das seguintes atividades, dependendo da idade da(s) criança(s) e do tempo disponível. Esteja atento às percepções baseadas na cultura e nas experiências vividas.

1. Aqui está uma lista do que "fazer" e do que "não fazer" na escuta. Use polegares para cima para os itens que você acha que "deve fazer", polegares para baixo para aqueles que você acha que "não deve fazer" e polegares para o lado para aqueles que você acha que "talvez" possam ser feitos.
   _____ Fazer contato visual.
   _____ Parecer entediado.
   _____ Fazer perguntas para entender.
   _____ Começar a compartilhar outra coisa.
   _____ Ficar em silêncio.
   _____ Esperar sua vez de falar.
   _____ Acenar para outro amigo.
   _____ Interromper.
   _____ Olhar para o seu celular.
   _____ Balançar a cabeça.
   _____ Amarrar o sapato.
   Desta lista, você notou algo que poderia ou não poderia fazer para melhorar suas habilidades de escuta?
2. Vamos fazer encenações em duplas usando a lista anterior. Você se revezará como falante e ouvinte.

- Na primeira encenação, o falante descreve uma das coisas que mais gosta de fazer.
  - ⊙ O ouvinte interrompe com uma das ações assinaladas como "não fazer" listadas anteriormente.
  - ⊙ O falante pode, então, compartilhar como se sentiu.
- Na segunda encenação, o falante descreve novamente uma das coisas que mais gosta de fazer.
  - ⊙ Desta vez, o ouvinte permanece presente e usa uma das habilidades de bom ouvinte ("fazer") listadas acima.
  - ⊙ O falante pode, então, compartilhar como se sentiu.
- Agora inverta os papéis.

3. Escutar os sentimentos. Podemos adivinhar o que alguém está sentindo ao observar o que essa pessoa diz, como está sua aparência e o que ela faz. Desenhe uma linha para ligar as frases seguintes com um ou mais desses sentimentos, ou tente ler as frases para expressar diferentes sentimentos.

Bravo, Triste, Feliz, Assustado

"Vou ao jogo com meu pai!"

"Ninguém nunca quer brincar comigo."

"Não consegui estudar tanto quanto queria para a prova."

"Meu irmão está sempre pegando as coisas com que eu estou brincando."

"Minha mãe tem que viajar por uma semana inteira."

"Tem um valentão na minha escola e eu tenho que fazer trabalho em grupo com ele amanhã."

"Meu avô está no hospital."

"Perdi meu livro."

"Vamos ganhar um cachorrinho!"

- Por que é importante escutar os sentimentos?

4. Para nos ajudar a lembrar dessa ferramenta, vamos ler juntos a rima: *Escutar não se trata apenas das palavras que você ouve pelo sentido da audição, é estar presente e ouvir a outra pessoa com atenção.*

Erros

> **Todos nós cometemos erros, faz parte das melhorias. Podemos continuar aprendendo todos os dias.**

Vamos refletir

1. Observe a ilustração.
   a. Que erro foi cometido?
   b. Como você acha que cada pessoa pode se sentir?
   c. O que pode acontecer a seguir se todos escolherem se concentrar na culpa?
   d. O que poderia acontecer a seguir se todos eles decidissem aprender com seus erros em vez de culpar?
2. Pense em um erro que você cometeu recentemente. Você se sentiu culpado ou se sentiu encorajado a aprender?

Você sabia

Você sabia que errar faz parte do ser humano? É verdade! Todos nós cometemos erros – cada um de nós. Mesmo que todos cometamos erros, muitas vezes nos sentimos constrangidos ou envergonhados e queremos escondê-los. Isso é normal. Parte da razão pela qual temos tanta dificuldade com os erros é que muitas vezes fomos punidos por cometê-los, e isso fez com que nos sentíssemos pessoas más, em vez de percebermos que o que aconteceu foi apenas um erro. Você pode ficar com o constrangimento e a vergonha ou descobrir uma maneira de aprender e crescer com os erros. Isso nem sempre é fácil, então você pode precisar de apoio e de muita prática para torná-lo mais fácil.

Quando percebemos que viver é aprender, e que os erros são oportunidades maravilhosas de aprendizado, podemos até comemorar os erros! Não seria ótimo se todos entendessem isso, inclusive os adultos?

Erros

> ### Vamos praticar

> Escolha uma ou mais das seguintes atividades, dependendo da idade da(s) criança(s) e do tempo disponível. Esteja atento às percepções baseadas na cultura e nas experiências vividas.

1. Florescer ou murchar. Nossos pensamentos e ações determinam se crescemos e florescemos com os erros ou se nos diminuímos e murchamos com eles.

    Algumas das palavras na caixa a seguir pertencem à flor que está florescendo, e algumas palavras pertencem à flor que está murchando. Escreva as palavras nas pétalas que pertencem a cada flor.

    Envergonhar   Aprender   Entender   Culpar   Brigar
    Encorajar   Esconder   Dar apoio   Consertar   Ridicularizar   Magoar
    Celebrar   Dedurar   Mostrar empatia   Provocar   Crescer

2. Para os exemplos seguintes, coloque um "C" para mostrar se isso o faz "Crescer" ou "M" se faz você "Murchar".

a. **Exemplo:** você faz um bolo surpresa para sua família e percebe que misturou sal em vez de açúcar.

_____ Você ri disso porque todo mundo comete erros.

_____ Joga o bolo fora e não conta para sua família sobre isso.

_____ Diz a si mesmo que você é estúpido.

_____ Coloca etiquetas nos recipientes de sal e açúcar.

_____ Compartilha o que você fez com sua família e o que aprendeu com isso.

_____ Divide o bolo com sua família e desafia-os a ver quem consegue ser o primeiro a descobrir qual erro você cometeu.

Qual das opções citadas você está mais propenso a escolher?

b. **Exemplo:** no recreio, você e seus amigos estão jogando futebol e o garoto novo fica tocando a bola com as mãos, o que é contra as regras. Você e os outros jogadores estão se sentindo frustrados. Coloque um "**C**" para mostrar se isso faz "Crescer" ou "**M**" se isso faz "Murchar".

Você e os outros jogadores podem reagir a esse erro:

_____ Pedindo ao monitor para fazer o novo garoto sentar no banco pelo resto do recreio.

_____ Dedicando um tempo para que todos possam discutir rapidamente as regras do jogo.

_____ Gritando: "Você não está jogando limpo!".

_____ Notando que vocês estão chateados, dando um tempo para se acalmar e depois perguntando ao novo garoto se ele gostaria de alguma ajuda.

_____ Mostrando empatia ao compartilhar o que acontecia quando você estava aprendendo alguma coisa e como era.

_____ Dizer ao garoto que ele não pode participar porque não está jogando direito.

Qual das opções você está mais disposto a escolher?

3. Se era você o jogador novo que estava cometendo o erro, coloque um "C" para mostrar se isso faz "Crescer" ou "M" se isso faz "Murchar". Compartilhe o motivo pelo qual você optou por essa escolha.

_____ Pedir ajuda para entender as regras.

_____ Gritar: "Essas regras são estúpidas!".

_____ Chutar a bola por cima da cerca e dizer: "Eu desisto!".

_____ Observar por alguns minutos para entender as regras.

_____ Pedir a outro jogador para praticar com você a fim de que possa melhorar.

_____ Desistir e decidir que nunca mais jogará futebol.

4. Divirta-se fazendo o caça-palavras de Erros mais adiante.

5. Para nos ajudar a lembrar dessa ferramenta, vamos ler juntos a rima: *Todos nós cometemos erros, faz parte das melhorias. Podemos continuar aprendendo todos os dias.*

Próximos passos

- Se o seu erro prejudicar alguém ou alguma coisa, você pode assumir a responsabilidade de melhorar as coisas usando a ferramenta "Erros e os 3 E".

Guia de atividades da Disciplina Positiva

Nome _____ Data _____

Erros

O	F	A	I	T	A	P	M	E	D	A
N	Z	W	Q	B	N	M	D	J	C	D
A	E	M	A	H	S	D	N	Y	B	V
M	E	N	C	O	R	A	J	A	R	I
U	C	E	L	E	B	R	A	R	E	B
H	V	E	K	A	O	R	R	E	Q	R
R	G	C	U	L	P	A	R	H	E	M
M	I	R	D	A	I	K	D	N	F	O
T	H	R	E	D	N	E	R	P	A	T
R	A	H	N	O	G	R	E	V	N	E

ENCORAJAR RIR EMPATIA CULPAR CELEBRAR
APRENDER ENVERGONHAR HUMANO ERRO

Erros e os 3 E

> **Erros não têm que arruinar o seu dia. Faça a reparação! Estes passos vão te mostrar o caminho para a ação.**

Vamos refletir

1. Observe a ilustração.
   - O que está acontecendo?
   - Como você acha que a criança está se sentindo? Como você acha que a avó dela está se sentindo?
   - O que você acha que vai acontecer a seguir?
2. O que a criança pode aprender com seu erro?

Você sabia

Você sabia que todo mundo comete erros? Alguns de nós ficamos muito bravos com nós mesmos quando isso acontece. Alguns de nós ficamos envergonhados. Outros ficam entusiasmados com o que podem aprender com seus erros.

Embora os erros possam ser assustadores, embaraçosos ou engraçados, todos são oportunidades para aprender. Não seria ótimo se as pessoas realmente entendessem que cometer erros é uma parte importante do aprendizado?

Uma maneira de corrigir erros é usar os 3 E de reparação de erros.

1. **Enxergue** — Primeiro, reconheça que você cometeu um erro. "Opa, eu joguei bola dentro de casa e quebrei o abajur."
2. **Exponha** — Em seguida, fale para alguém o que aconteceu. "Vovó, eu quebrei o abajur jogando bola dentro de casa, e sinto muito."
3. **Esclareça** — Faça algo para corrigir o problema causado pelo erro. "Vovó, eu vou ajudar a limpar os pedaços, e vou usar um pouco do meu dinheiro para comprar um abajur novo."

Vamos praticar

Escolha uma ou mais das seguintes atividades, dependendo da idade da(s) criança(s) e do tempo disponível. Esteja atento às percepções baseadas na cultura e nas experiências vividas.

1. Para cada um dos exemplos a seguir, veja se consegue resolver o problema usando os 3 E: *Enxergue, Exponha, Esclareça*.
   a. Ao pegar um guardanapo na mesa do almoço, você acidentalmente derruba a bebida de seu colega.
   b. Durante um jogo de futebol, você chuta uma bola que bate no carro do vizinho e o suja de lama.
   c. Você entra na casa de seu amigo de sapatos, mas eles avisam que não é permitido entrar com sapatos.
   d. Você chega na escola e percebe que esqueceu seu trabalho em casa, e era para ser entregue hoje.
2. Às vezes nossos erros causam danos aos outros. Quando isso acontece, as soluções podem ser mais complicadas, mas ainda podemos tomar atitudes para fazer reparações. Como você pode usar os 3 E nos exemplos a seguir?
   a. Você distribuiu convites para sua festa de aniversário e esqueceu de dar um para a aluna nova da sua turma. Mais tarde, você a viu chorando no recreio.
   b. Você pegou emprestado o *tablet* do seu irmão, o deixou cair e quebrou a tela enquanto corria pela casa.
   c. Sua amiga lhe diz que não pode ir à excursão porque a família dela não pode pagar. Ela pede para você não contar a ninguém, mas você decide contar a alguns de seus outros amigos e eles zombam dela.
   d. Você está praticando arremesso de bola com seu irmão e ele deixa a bola cair. Você se sente frustrado e diz que ele é péssimo nisso. Ele joga a luva no chão e sai furioso.
3. Pense em uma vez que você cometeu um erro.
   a. Como você se sentiu?

b. O que você fez a respeito?
c. Como você aplicou, ou poderia ter aplicado, os 3 E para reparar os erros nessa situação?
   1. Enxergue:
   2. Exponha:
   3. Esclareça:
d. O que você aprendeu ou o que pode aprender com esse erro e com a solução para ajudá-lo no futuro?

4. Para nos ajudar a lembrar dessa ferramenta, vamos ler juntos a rima: *Erros não têm que arruinar o seu dia. Faça a reparação! Estes passos vão te mostrar o caminho para a ação.*

Pausa positiva

> Não há motivo para bater ou reclamar. Em vez disso, faça uma pausa positiva para se acalmar.

Vamos refletir

1. Observe a ilustração. O que você percebe?
2. O que você costuma fazer ou dizer quando está chateado? Isso ajuda você a se sentir melhor ou faz você se sentir pior?
3. Quando você está chateado, o que pode ajudá-lo a se sentir melhor?

Você sabia

Você sabia que, quando fica chateado, não consegue pensar direito? (ver a atividade "Entenda o cérebro") Você pode sentir raiva e dizer coisas ofensivas. Você pode sentir vontade de chorar ou querer ficar sozinho. Você pode fazer coisas que não faria quando se sente calmo.

Alguns adultos podem ter tentado fazer com que você mudasse seu comportamento, mandando-o para o castigo como punição. A pausa positiva é diferente. Em vez de fazer você se sentir mal, a pausa positiva ajuda você a aprender uma habilidade de autorregulação para ajudá-lo a se sentir melhor. Os cientistas que estudam o cérebro provaram que agimos melhor quando nos sentimos melhor. Você pode criar um lugar que lhe dê tempo para sentir o que sente e para ajudá-lo a se acalmar até se sentir melhor, a fim de que possa usar a parte racional do seu cérebro.

Vamos praticar

Escolha uma ou mais das seguintes atividades, dependendo da idade da(s) criança(s) e do tempo disponível. Esteja atento às percepções baseadas na cultura e nas experiências vividas.

1. Faça um desenho de como seria seu espaço de pausa positiva.
   - Escolha coisas que o ajudem a se sentir calmo, como uma almofada macia, livros para ler, fones de ouvido para ouvir música ou seu bichinho de pelúcia favorito; algumas pessoas escolhem coisas que remetem à sua cultura, como contas de rosário, um tapete de oração ou bonecas da preocupação. Você pode ser criativo e fazer o seu espaço como quiser. Há uma exceção: as telas não são apropriadas porque estimulam o cérebro em vez de acalmar.
   - Quando um espaço de pausa positiva é criado na escola, toda a turma pode elaborar soluções.
2. Leia o livro *O espaço mágico que acalma* para se inspirar (https://www.manole.com.br/o-espaco-magico-que-acalma/p).
3. Para nos ajudar a lembrar dessa ferramenta, vamos ler juntos a rima: *Não há motivo para bater ou reclamar. Em vez disso, faça uma pausa positiva para se acalmar.*

Próximos passos

- Crie um verdadeiro espaço de pausa positiva em sua casa ou sala de aula.
  - Escolha uma área em que você possa se sentir confortável.
  - Decida o que você levará para o seu espaço de pausa positiva.
  - Dê um nome ao espaço de pausa positiva, como: "Meu espaço para relaxar", "Havaí", "Brilhos", "Recanto Namastê", "Minha fortaleza de bem-estar". Seja criativo.
  - Avise os adultos em sua vida de que você está praticando a autorregulação e que assumirá a responsabilidade de usar esse espaço quando precisar se acalmar.
  - Se quiser companhia, não há problema em convidar alguém para ir com você.

Anotações

Resiliência

> **Quando coisas difíceis acontecem e a vida lhe dá uma rasteira, resiliência é o que você precisa para atravessar barreiras.**

Vamos refletir

1. Olhe para a ilustração:
   - O que você acha que a criança na ilustração está pensando e sentindo?
   - O que você acha que vai acontecer a seguir?
2. Você já teve que tentar algo muitas vezes antes de acertar? Como foi?
3. O que o ajuda a continuar tentando quando sente vontade de desistir?

Você sabia

Você sabia que a resiliência é a arte de "dar a volta por cima" depois de passar por algo difícil? Somos resilientes quando enfrentamos desafios, fracassos, mágoas e decepções com coragem, crescemos com eles e seguimos em frente. A resiliência é desenvolvida com o tempo. Com a prática, todos podemos nos tornar mais resilientes.

A seguir você encontrará "Os 7 C" que podem ajudá-lo a desenvolver seus músculos da resiliência.

Resiliência

> **Os 7 C da Resiliência:**
> No site www.fosteringresilience.com, o Dr. Kenneth Ginsburg fala sobre os 7 C da Resiliência. Resumimos o que eles significam aqui. Eles são:
> **Competência:** a capacidade de fazer algo bem-feito.
> **Confiança:** acreditar em suas próprias habilidades.
> **Conexão:** relacionamentos que aumentam o senso de pertencimento (aceitação) e importância.
> **Caráter:** senso de certo e errado para ajudá-lo a fazer escolhas sábias.
> **Contribuição:** responsabilidade e oportunidade de ajudar.
> **Conquista:** a capacidade de lidar com o estresse e resolver problemas.
> **Controle:** oportunidades para tomar decisões e fazer escolhas por si mesmo.

Vamos praticar

> Escolha uma ou mais das seguintes atividades, dependendo da idade da(s) criança(s) e do tempo disponível. Esteja atento às percepções baseadas na cultura e nas experiências vividas.

1. Encorajar a si mesmo quando sentir vontade de desistir:
   a. Crie uma lista de frases para usar quando sentir vontade de desistir. Alguns exemplos:
      - "Eu não consigo AINDA."
      - "A prática faz o progresso."
      - "Eu preciso colocar meu 'capacete de pensamento' para resolver isso."
      - "As coisas vão melhorar."
      - "Minha fé vai me ajudar a superar isso."
      - "Eu não tenho que fazer isso sozinho."
   b. Adicione à sua lista algumas pessoas que podem ajudá-lo quando você sentir vontade de desistir.

c. Coloque a lista no seu lugar favorito, onde você possa vê-la todos os dias.

2. Olhando para a resiliência e os 7 C:
   - Cite algo que você se sente **competente** fazendo. Como você se tornou competente nisso?
   - Cite algo que você se sente **confiante** em fazer e por quê.
   - Cite algumas pessoas com as quais você se sente **conectado** e que podem apoiá-lo quando precisar de ajuda.
   - Cite alguns valores pessoais que compõem seu **caráter**. (Exemplos de valores incluem: honestidade, gentileza, trabalhar duro, gratidão etc.)
   - De que forma você pode **contribuir** para sua casa, escola, cultura ou comunidade?
   - Cite algumas das suas **conquistas** enquanto estava passando por algo difícil.
   - Sobre quais coisas da sua vida você sente que tem **controle**? Onde você gostaria de ter mais controle?

3. Escolha um dos 7 C em que deseja trabalhar e desenhe, escreva ou fale sobre o que pode fazer para melhorar nessa área. Por exemplo, se quiser focar a "contribuição", faça uma lista de algumas maneiras de ajudar em casa ou na escola.

4. Para nos ajudar a lembrar dessa ferramenta, vamos ler juntos a rima: *Quando coisas difíceis acontecem e a vida lhe dá uma rasteira, resiliência é o que você precisa para atravessar barreiras.*

Respeito

> **Desrespeito nos faz sentir derrotados, então trate os outros como você quer ser tratado.**

Vamos refletir

1. Observe a ilustração.
   - Como a criança está demonstrando respeito?
   - O que você acha que a outra pessoa está sentindo?
   - O que você acha que a criança está sentindo?
2. Cite algumas outras maneiras pelas quais as pessoas demonstram respeito.
3. Fale sobre uma situação em que você não foi respeitado. Como você se sentiu?
4. Como alguém demonstrou respeito por você? Como você se sentiu?

Você sabia

Você sabia que todas as pessoas são dignas de serem tratadas com dignidade e respeito? Faz parte de ser humano. Quando tratamos os outros como queremos ser tratados, mostramos que eles são importantes. Um nome para isso é "A Regra de Ouro", e a maioria das culturas tem alguma versão dela.

A seguir, outra maneira de definir respeito:

R – Reconhecimento: "Eu vejo e aprecio você".

E – Empatia: "Eu me importo com o modo como você se sente".

S – Soluções: "Vamos consertar isso juntos".

P – Polidez: "Por favor", "Obrigado".

E – Encorajamento: "Você consegue fazer isso!".

I – Interligação: "Você é importante para mim".

T – Ternura: "Como eu posso ajudar?".

O – Orientação: "Eu respeito a mim mesmo e os outros".

Respeito

Vamos praticar

Escolha uma ou mais das seguintes atividades, dependendo da idade da(s) criança(s) e do tempo disponível. Esteja atento às percepções baseadas na cultura e nas experiências vividas.

1. Você consegue pensar em várias maneiras de mostrar respeito nas seguintes situações?
   - Há um novo aluno, de uma cultura diferente da sua, em sua sala de aula.
   - Há um professor substituto em sua classe.
   - Seu irmão está chateado e xinga você.
   - Alguém fura a fila na sua frente.
   - Seu amigo quer que você jogue, mas você está muito cansado.
2. Relacione os exemplos a seguir com as letras e descrições da palavra RESPEITO. Escolha tudo o que se aplica e escreva a(s) letra(s) na linha. Por que você escolheu essas letras?

R – Reconhecimento: "Eu vejo e aprecio você".
E – Empatia: "Eu me importo com o modo como você se sente".
S – Soluções: "Vamos consertar isso juntos".
P – Polidez: "Por favor", "Obrigado".
E – Encorajamento: "Você consegue fazer isso!".
I – Interligação: "Você é importante para mim".
T – Ternura: "Como eu posso ajudar?".
O – Orientação: "Eu respeito a mim mesmo e os outros".

___ Escutar as ideias dos outros.
___ Revezar.
___ Permitir que outra pessoa vá primeiro.
___ Oferecer-se para compartilhar o lanche quando alguém não tem.
___ Ter um bom espírito de equipe quer seu time perca ou ganhe.
___ Pedir desculpas a alguém depois de ferir seus sentimentos.
___ Fazer amizade com alguém novo em sua classe.
___ Levar comida para o seu vizinho porque ele está doente.
___ Escutar um amigo que está triste.
___ Participar da celebração religiosa de seu amigo quando é diferente da sua.

3. Entreviste familiares sobre o que respeito significa para eles. Peça que compartilhem uma situação em que alguém demonstrou respeito por eles e uma situação em que eles demonstraram respeito por outra pessoa.

4. Divirta-se encontrando palavras sobre Respeito no caça-palavras mais adiante.

Nome _____ Data _____

Respeito

```
Y  K  V  C  Z  E  D  I  L  O  P  E  X  R  H  Y  D
R  E  C  O  N  H  E  C  I  M  E  N  T  O  L  N  J
W  P  U  N  U  A  T  Q  L  W  U  M  A  A  G  Y  T
Y  B  Q  E  U  K  K  X  F  U  U  V  Q  T  P  O  Z
Q  M  E  X  O  T  N  E  M  A  J  A  R  O  C  N  E
P  J  Y  Ã  J  T  P  M  D  O  Z  M  O  U  R  C  C
L  G  R  O  Z  U  K  B  E  R  E  S  P  E  I  T  O
W  O  R  I  E  N  T  A  Ç  Ã  O  A  U  H  Y  U  F
R  T  C  N  T  X  B  V  Q  O  R  R  T  Y  G  N  S
E  K  R  N  U  P  E  S  N  R  B  G  W  A  V  O  K
R  T  N  E  X  G  U  D  U  K  P  Q  I  E  L  Q  X
Q  N  G  C  F  Z  U  Z  Q  I  D  T  F  U  T  F  O
J  B  S  T  N  J  S  S  C  S  A  E  Ç  V  Y  V  B
Q  W  T  I  J  Q  I  L  Q  P  S  Õ  S  V  F  F  Y
J  V  C  O  T  G  Q  G  M  T  E  K  M  O  U  M  B
C  V  M  N  G  I  Z  E  E  S  F  C  X  I  N  D  O
H  H  T  Q  E  K  U  U  S  W  R  W  S  J  H  A  Q
```

ORIENTAÇÃO CONEXÃO ENCORAJAMENTO SOLUÇÕES
POLIDEZ RESPEITO EMPATIA RECONHECIMENTO

5. Para nos ajudar a lembrar dessa ferramenta, vamos ler juntos a rima: *Desrespeito nos faz sentir derrotados, então trate os outros como você quer ser tratado.*

Próximos passos

- Entreviste amigos sobre o que respeito significa para eles. Peça que compartilhem uma situação em que alguém demonstrou respeito por eles e uma situação em que eles demonstraram respeito por outra pessoa.

Anotações

Quadro de rotinas

> **Em vez de deixar tudo espalhado e desorganizado, faça um quadro de rotinas com tudo arrumado.**

Vamos refletir

1. Observe a ilustração. O que está acontecendo?
2. Você já usou um quadro de rotinas? Se sim, como isso o ajudou?
3. Cite algumas tarefas diárias em que você poderia usar um quadro de rotinas.

Você sabia

Você sabia que ter um quadro de rotinas é uma ótima maneira de aprender a ser mais responsável e independente? Quando você cria seus próprios quadros de rotinas, os adultos ao seu redor não precisam ficar lembrando a você o que fazer. Os quadros de rotinas também ajudam você a se manter mais organizado e a se lembrar de etapas que você pode ter esquecido. Os quadros de rotinas podem realmente ajudar algumas pessoas a se sentirem mais calmas porque elas sabem o que está por vir.

Criar um quadro de rotinas é simples!

1. Escolha algo que você faz diariamente, como se preparar para dormir ou ir para a escola.
2. Pense em todas as etapas que você deve seguir, do início ao fim.
3. Coloque as etapas em ordem no papel – você pode usar palavras ou imagens.
4. Coloque o quadro onde possa vê-lo como um lembrete dos passos que você precisa seguir.

Vamos praticar

> Escolha uma ou mais das seguintes atividades, dependendo da idade da(s) criança(s) e do tempo disponível. Esteja atento às percepções baseadas na cultura e nas experiências vividas.

1. A seguir há várias etapas que podem ser incluídas em um quadro de rotinas para dormir, mas estão fora de ordem! Coloque-as na ordem que fizer mais sentido para você. Depois de terminar, verifique se há algo que você mudaria.

a. Ativar o despertador	1.
b. Escovar os dentes	2.
c. Separar as roupas para o dia seguinte	3.
d. Ler uma história	4.
e. Usar o banheiro	5.
f. Tomar banho	6.

2. Vamos praticar a criação de um quadro de rotinas. Escolha um ou mais dos exemplos a seguir (ou algo mais adequado para você) para criar seu próprio quadro de rotinas. Primeiro, pense em todas as etapas e, em seguida, coloque-as em ordem.
    a. Preparar-se para uma prática (de esporte, música, dança etc.).
    b. Preparar-se para a escola de manhã.
    c. Lição de casa ou rotina de aprendizado em casa.
    d. Tarefas domésticas.
3. Para nos ajudar a lembrar dessa ferramenta, vamos ler juntos a rima: *Em vez de deixar tudo espalhado e desorganizado, faça um quadro de rotinas com tudo arrumado.*

Próximos passos

Faça quadros de rotina para tudo o que o ajudaria a ser mais organizado. Algumas pessoas gostam de tirar fotos de si mesmas fazendo cada etapa. Outros gostam de fazer desenhos. Faça o que for melhor para você.

Anotações

Uso de telas

> **ficar grudado na tela o tempo todo vai afastar amigos e familiares do seu entorno.**

Vamos refletir

1. Observe a ilustração. O que você vê acontecendo?
2. Cite algumas razões pelas quais você gosta de usar dispositivos com telas.
3. Cite alguns problemas que os dispositivos com telas criam para você.

Você sabia

Você sabia que a maioria das pessoas passa parte do dia usando dispositivos eletrônicos com telas? De fato, muitas famílias têm mais telas em casa do que pessoas! Essas telas incluem celulares, *tablets*, computadores, televisões, consoles de jogos e até mesmo relógios. Esses dispositivos podem ser uma grande vantagem. Eles podem tornar nossas vidas mais fáceis, mais organizadas e convenientes. Eles também oferecem entretenimento, informações e nos ajudam a ficar conectados com pessoas distantes.

Mas as telas também podem ser uma desvantagem, por vários motivos. Quando estamos conectados às telas, estamos desconectados das pessoas ao nosso redor. Elas podem ser distrativas, viciantes, caras, além de nos deixar com menos tempo para brincar e se movimentar, causar distúrbios do sono, problemas oculares e de postura, perda de habilidades sociais e muito mais. Encontrar equilíbrio e moderação é necessário para praticar o uso responsável do tempo de tela. O primeiro passo para entender esse equilíbrio é a consciência. Uma vez que tomamos consciência de como gastamos nosso tempo todos os dias, isso pode nos ajudar a criar o equilíbrio de que precisamos.

Uso de telas

Vamos praticar

Escolha uma ou mais das seguintes atividades, dependendo da idade da(s) criança(s) e do tempo disponível. Esteja atento às percepções baseadas na cultura e nas experiências vividas.

1. Vejamos como você usa telas diariamente em comparação com outras atividades que não envolvem telas. Calcule cada uma das seguintes categorias com o total de minutos e horas.
   Azul – número total de horas que você passa dormindo = _____
   Verde – número total de horas que você passa cuidando das necessidades básicas = _____
   Laranja – número total de horas que você passa se exercitando = _____
   Roxo – tempo total que passa na escola = _____
   Marrom – número total de horas que você passa nas telas relacionadas a tarefas escolares = _____
   Preto – número total de horas que você passa em telas em entretenimento (*videogame*, *shows*, redes sociais, TikTok etc.) = _____
   Vermelho – número total de horas que você passa se conectando com outras pessoas sem telas (conversando, jogando/praticando esportes, refeições em família etc.) = _____
   Rosa – número total de horas que você passa contribuindo (tarefas, voluntariado) = _____
   Amarelo – número total de horas que você passa fazendo trabalhos escolares sem telas em casa = _____
   Branco – para outras atividades não listadas, escreva nos espaços em branco sem cor.
2. Usando as cores das categorias mencionadas, crie uma roda de cores para mostrar como você está usando seu tempo atualmente. Existem 24 fatias, para representar as 24 horas do dia. Pinte o número de fatias que indicam quantas horas você passa por dia fazendo cada atividade.

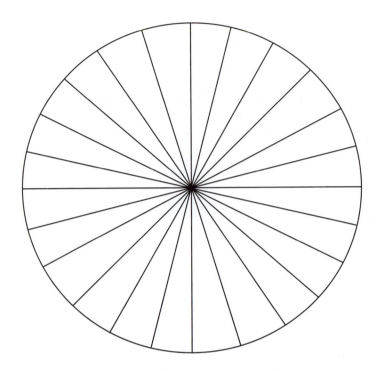

- Quão equilibrada é a sua roda de cores?
- Se sua roda de cores não parece equilibrada o suficiente, o que você pode adicionar ou subtrair para alcançar um equilíbrio?
- Você ficou surpreso com algo?
- Das coisas que você faz com as telas, há alguma que você gostaria de fazer mais ou menos?
- Se você optar por fazer algumas alterações para equilibrar sua roda de cores, considere refazer esta roda daqui a duas semanas para ver como fica!

3. Para ajudar a lembrar dessa ferramenta, vamos ler juntos a rima: *Ficar grudado na tela o tempo todo vai afastar amigos e familiares do seu entorno.*

Próximos passos

Se você e sua família ainda não têm regras claras para o tempo de tela, trabalhem juntos a fim de criar um plano para o uso desse tempo. Considere o seguinte ao fazer seu plano em casa:
- Haverá regras diferentes nos dias de aula e nos dias sem aula?
- Quando as telas são necessárias para educação, isso conta para o uso diário geral?
- Onde os dispositivos de tela pessoal podem ser usados em casa?
- Quais horários do dia são aceitáveis/inaceitáveis para o uso de telas?
- Onde suas telas são carregadas durante a noite quando não estão em uso?
- Se houver custos contínuos associados aos dispositivos, quem será responsável por eles?
- Existem coisas que devem ser feitas antes que você tenha acesso às telas?

Anotações

Compartilhar

> **Quando você tem o suficiente e chega a sobrar, essa é a hora de começar a compartilhar.**

Vamos refletir

1. Observe a ilustração. O que você vê acontecendo?
2. Que tipo de coisas você gosta de compartilhar com os outros?
3. Que tipo de coisas você prefere guardar só para si?
4. Fale sobre uma vez que alguém compartilhou algo com você. Como você se sentiu?
5. Fale sobre uma vez que você queria que alguém compartilhasse ou se revezasse com você e a pessoa não quis. Como você se sentiu?

Você sabia

Você sabia que compartilhar mostra consideração pelos outros e ajuda a construir amizades? Compartilhar pode significar algumas coisas diferentes:

1. Dar a alguém um pedaço de algo que você tem:
   Exemplo: arrancar uma página do seu livro de colorir para que seu amigo tenha uma página para colorir.
2. Revezar:
   Exemplo: no balanço, você balança 20 vezes e depois seu amigo balança 20 vezes.
3. Emprestar algo:
   Exemplo: seu companheiro de equipe pede emprestada sua bola extra durante o aquecimento.
4. Usar algo juntos:
   Exemplo: usar um cobertor juntos durante a hora da história para que você e seu irmão possam ficar aquecidos.

5. Compartilhar pensamentos, ideias e sentimentos:
   Exemplo: pensar juntos em soluções para um problema em uma aula ou reunião familiar.

   Compartilhar é mais fácil quando há conexão, confiança, justiça, escolha e um acordo claro. Algumas coisas a considerar:
   - Estou lhe dando algo que vou receber de volta ou algo que você vai guardar (**Exemplo:** algo para comer)?
   - Se for devolvido, quando o receberei de volta? (Depois de 5 vezes? Daqui a 5 minutos? Terça-feira?)
   - Se o que estou compartilhando com você é meu (*versus* propriedade comunitária), existem regras para usá-lo? (**Exemplo:** cuidar de algo, mantê-lo limpo etc.)

Vamos praticar

Escolha uma ou mais das seguintes atividades, dependendo da idade da(s) criança(s) e do tempo disponível. Esteja atento às percepções baseadas na cultura e nas experiências vividas.

1. Que tipo de acordo você poderia fazer nas seguintes situações?
   a. Um colega de classe quer dar uma volta com o patinete que você está usando no recreio.
   b. Você está em uma festa de aniversário que tem uma pinhata. Você pegou muitos doces, mas sua irmã quase não conseguiu. Ela pede para você compartilhar.
   c. Você e seu irmão querem ver programas diferentes na TV que estão passando ao mesmo tempo.
2. Dizer "não" ao compartilhar.
   a. Converse: houve algum momento em que alguém lhe pediu para compartilhar e você quis dizer não? Fale sobre isso.
   b. Quando você decidir não compartilhar, pode dizer "não" de maneira gentil e respeitosa.

Exemplos:
- Alguém pede metade do seu biscoito:
  "Sinto muito, mas quero terminar este aqui. Posso trazer um para você amanhã."
- Alguém pede emprestado seu lápis brilhante:
  "Sinto muito, mas este é meu lápis favorito e não o empresto para ninguém. Há alguns lápis de cor no armário de material escolar. Você quer perguntar ao professor se pode usar aqueles?"
- Alguém pede para passar na sua frente na fila do almoço:
  "Não quero esperar mais tempo, então vou manter meu lugar."

Como você poderia gentilmente dizer "não" a um amigo que está pedindo para copiar suas respostas do dever de casa da noite anterior?

3. Para os exemplos a seguir, decida se deseja fazer um acordo ou dizer "não". O que você diria de qualquer maneira?
   - Você está comendo um sanduíche, e seu amigo quer metade porque terminou o almoço e ainda está com fome.
   - Seu irmão quer pegar emprestado seu livro do Harry Potter porque perdeu o dele.
   - Você tem um real que economizou da mesada e quer usar para comprar um doce, e seu amigo quer 50 centavos para comprar doces.
   - Você está brincando com os blocos de montar e precisa de todas as peças para terminar sua torre, mas seu amigo quer usar algumas.

4. Para nos ajudar a lembrar dessa ferramenta, vamos ler juntos a rima:
Quando você tem o suficiente e chega a sobrar, essa é a hora de começar a compartilhar.

Pequenos passos

Para grandes tarefas, dê pequenos passos no projeto. Rapidinho, o trabalho estará completo.

Vamos refletir

1. Observe a ilustração. Qual é a grande tarefa a fazer?
2. Pense em uma tarefa ou projeto que você teve que fazer que parecia grande. Compartilhe os passos que você deu para começar.

Você sabia

Você sabia que pode parecer desanimador quando há uma grande tarefa a ser realizada? Limpar seu quarto, fazer sua lição de casa ou aprender a tocar um instrumento pode parecer um grande trabalho. Dividir o trabalho em pequenas etapas pode ajudá-lo a evitar se sentir sobrecarregado.

Vamos praticar

Escolha uma ou mais das seguintes atividades, dependendo da idade da(s) criança(s) e do tempo disponível. Esteja atento às percepções baseadas na cultura e nas experiências vividas.

1. Suponha que você precise limpar seu quarto, e é um trabalho grande porque está muito bagunçado. Desenhe linhas para corresponder à ordem dos pequenos passos que você daria.

Pequenos passos

Lavar roupas.　　　　　　　　　　　7.
Passar o aspirador no chão.　　　　 4.
Guardar as roupas.　　　　　　　　 1.
Fazer a cama.　　　　　　　　　　　6.
Colocar a roupa suja no cesto.　　　 3.
Esvaziar a lata de lixo.　　　　　　　5.
Guardar os brinquedos.　　　　　　 2.

Diga por que você escolheu essa ordem.

2. Imagine que você vai ajudar a planejar a sua festa de aniversário. Quais são os passos que você precisa seguir?
   1) _____
   2) _____
   3) _____
   4) _____
   5) _____
   6) _____

3. Para nos ajudar a lembrar dessa ferramenta, vamos ler juntos a rima: *Para grandes tarefas, dê pequenos passos no projeto. Rapidinho, o trabalho estará completo.*

Próximos passos

Em sua reunião de família ou de classe, decidam juntos sobre um projeto ou tarefa e listem as pequenas etapas para concluí-lo. Em seguida, reflita sobre como foi, o que foi aprendido e como você se sentiu ao realizá-lo.

Anotações

Dicas de fala

Para ter certeza de que está passando a mensagem clara, cuidado com o que você faz ou fala.

> **Para ter certeza de que está passando a mensagem clara, cuidado com o que você faz ou fala.**

Vamos refletir

1. Observe a ilustração. O que você vê acontecendo?
   a. O que você acha que a pessoa que está falando está sentindo?
   b. O que você acha que a pessoa que está ouvindo está sentindo?
   c. O que há na linguagem corporal delas que permite que você saiba o que elas podem estar sentindo?
2. Você já teve uma conversa em que outra pessoa falou e você não pôde falar? Como foi?

Você sabia

Você sabia que como e quando você diz algo faz diferença na maneira como os outros vão escutá-lo? Sua linguagem corporal pode falar mais alto do que as suas palavras. Se você gritar, interromper, ficar com cara de bravo ou chegar muito perto, a outra pessoa pode não querer escutar. Pode parecer para ela que o que você tem a dizer é mais importante do que o que ela tem a dizer. Esteja ciente de que a comunicação pode parecer e soar diferente entre as culturas.

Estar ciente do momento certo, do tom de voz adequado e da linguagem corporal certa é útil para ser escutado e compreendido.

1. **Momento.** Espere até que você e a outra pessoa estejam calmos, com vontade e prontos para conversar e escutar.
2. **Tom de voz.** Choramingar, gritar, murmurar ou usar sarcasmo tornam a escuta mais difícil.
3. **Linguagem corporal.** A sua energia corporal fala mais alto do que as suas palavras. Expressões faciais, postura, contato visual e gestos com as mãos fazem parte do estilo de comunicação de cada pessoa.

Dicas de fala

> ### Vamos praticar

Escolha uma ou mais das seguintes atividades, dependendo da idade da(s) criança(s) e do tempo disponível. Esteja atento às percepções baseadas na cultura e nas experiências vividas.

1. A seguir estão algumas frases que soam diferentes dependendo do tom de voz. Pratique a encenação dizendo essas frases usando tons de voz diferentes. Veja qual é a maneira mais eficaz de ser escutado. Para os exemplos seguintes, tente gritar, falar baixinho, choramingar e usar uma voz calma.
   - "Preciso de ajuda."
   - "Você feriu meus sentimentos."
   - "Estou com raiva de você."
   - "Por favor, pare de fazer isso."
   - "Precisamos sair agora."

   Depois de praticar essas frases com tons diferentes o que você percebe?

2. Aqui está uma lista do que "fazer" e do que "não fazer". Na linha antes de cada uma, coloque um visto (✓) para aqueles que você acha que "deve fazer", e coloque um (X) para aqueles que você acha que "não deve fazer" ou um sinal de igual (=) para sinalizar "um ou outro". Ou você pode mostrar o que fazer com um polegar para cima, o que não fazer com um polegar para baixo ou um polegar no meio para um ou outro. As respostas podem ser diferentes dependendo da cultura de cada um. Explique por que você escolheu cada resposta.

Fazer   **Não fazer**   **Um ou outro**

___Fazer contato com os olhos.
___Gritar.
___Interromper.

___ Agitar as mãos ou braços.

___ Usar uma voz calma.

___ Ficar ciente do espaço pessoal.

___ Esperar a sua vez de falar.

___ Fazer perguntas para entender melhor.

___ Acalmar-se antes de falar.

___ Olhar para o seu celular enquanto você está falando.

___ Choramingar.

___ Apontar para a pessoa.

3. Nas situações a seguir, pense no momento certo, no tom de voz e na linguagem corporal. Circule as respostas que podem ajudar a garantir que sua mensagem seja escutada. Pode haver mais de uma resposta que faça sentido, então compartilhe o motivo da sua escolha.

- Você tem uma pergunta para o seu professor e ele está conversando com outro aluno. Você iria:
  a. Interromper.
  b. Esperar a sua vez.
  c. Voltar mais tarde.

- Você encontra seu amigo para dizer a ele que está animado com seu novo jogo, e ele diz que o gato dele sumiu. Você iria:
  a. Dizer a ele que você sente muito pelo desaparecimento do gato.
  b. Contar a ele sobre seu novo jogo de qualquer maneira.
  c. Perguntar se ele quer sua ajuda para encontrar o gato.

- Você está jogando em seu *tablet* e sua mãe pergunta sobre seu dia na escola. Você iria:
  a. Colocar o *tablet* de lado para poder falar com ela.
  b. Ignorá-la e continuar jogando.
  c. Perguntar a ela se está tudo bem se você terminar esse jogo primeiro.

4. Para nos ajudar a lembrar dessa ferramenta, vamos ler juntos a rima: *Para ter certeza de que está passando a mensagem clara, cuidado com o que você faz ou fala.*

Pensar – Sentir – Agir

> **Quando algo acontece que tira a sua paz, uma mudança na perspectiva pode mudar o que você faz.**

Vamos refletir

1. Observe a ilustração. O que você vê acontecendo?
2. Que pensamentos e sentimentos você acha que a criança que imagina um gato fofinho pode ter? O que você acha que essa criança pode fazer?
3. Que pensamentos e sentimentos você acha que a criança que está imaginando um leão pode ter? O que você acha que essa criança pode fazer?

Você sabia

Você sabia que pessoas diferentes às vezes veem a mesma coisa, mas pensam e sentem de maneira muito diferente sobre aquilo? Quando algo acontece, você tem um pensamento sobre isso, e esse pensamento leva a um sentimento. Então, você junta os dois para decidir o que fará (sua ação).

1. O **pensamento** acontece em seu cérebro. "Meu professor é prestativo" é um exemplo de pensamento. "Meu professor não é prestativo" é um exemplo de pensamento diferente. Cada pensamento leva a diferentes sentimentos e ações.
2. O **sentimento** acontece em seu corpo. **Bravo, feliz, triste** e **assustado** são exemplos de sentimentos.
3. As **ações** acontecem *com* seu corpo. Esperar pacientemente, interromper ou pedir ajuda a outra pessoa são exemplos de coisas que você faz.

Vamos praticar

Escolha uma ou mais das seguintes atividades, dependendo da idade da(s) criança(s) e do tempo disponível. Esteja atento às percepções baseadas na cultura e nas experiências vividas.

1. Trace uma linha de cada caixa a seguir até um balde *Pensamento*, *Sentimento* ou *Ação*.
   Dica: se o exemplo for algo que alguém pode estar dizendo a si mesmo, provavelmente é um pensamento.

Limpar seu quarto
Assustado
Procurar seu livro de matemática
Abraçar alguém de quem você gosta
Animado
Isso não é justo
Andar de bicicleta
Nervoso
Isso vai ser tão divertido!
Desistir
Gatos são fofos

   Pensamento

   Sentimento

   Ação

2. Com base nos exemplos anteriores, veja se você consegue elaborar pensamentos, sentimentos ou ações que acompanhem alguns dos exemplos seguintes:
   - **Limpar seu quarto:** Cite alguns pensamentos ou sentimentos que você tem sobre limpar seu quarto.
   - **Assustado:** Cite algumas coisas que você pensa ou faz quando sente medo.

- **Procurar seu livro de matemática:** Cite alguns pensamentos e sentimentos que você tem quando não consegue encontrar algo de que precisa.
- **Abraçar alguém de quem você gosta:** Cite alguns pensamentos e sentimentos que você tem quando abraça.
- **Animado:** Cite algumas coisas que você pensa e faz quando se sente animado.
- **Isso não é justo:** Como você se sente e o que faz quando pensa que algo não é justo?
- **Andar de bicicleta:** O que você pensa e sente quando anda de bicicleta?
- **Nervoso:** O que você pensa e faz quando se sente nervoso?
- **Isso vai ser tão divertido!:** Como você se sente e o que faz quando pensa que está prestes a fazer algo divertido?

3. Mudar seus pensamentos pode mudar seus sentimentos e ações. Considere estes exemplos:
   a. Alguém fura a fila do lanche na sua frente.
      - Você **pensa**: "Isso não é justo!".
      - Você se **sente**: Irritado.
      - Você **age**: Gritando – "Saia do meu caminho!".
   b. E se você pensasse de forma diferente quando a pessoa furasse a fila na sua frente?
      - Você **pensa**: "Talvez ela não tenha me visto".
      - Você se **sente**: Um pouco irritado.
      - Você **age**: Dizendo: "Com licença, eu era o próximo".

Para os exemplos a seguir, fale sobre como você pode se sentir e o que você pode fazer em resposta aos pensamentos apresentados.
- Você está comendo seu lanche na grama quando uma bola com a qual alguns colegas estão jogando rola e derruba sua bebida.
  - Pensamento: "Eles fizeram isso de propósito".
    Sentimento: _____
    Ação: _____

- ⊙ Um pensamento diferente: "Estou sentado muito perto do jogo".
  Sentimento: _____
  Ação: _____
- Você está esperando na fila pela sua vez no balanço e, assim que chega a sua vez, o sinal toca e o recreio termina.
  - ⊙ Pensamento: "Isso não é justo".
    Sentimento: _____
    Ação: _____
  - ⊙ Um pensamento diferente: "Vou pedir para ser o primeiro na próxima vez".
    Sentimento: _____
    Ação: _____
- Seu irmão lhe diz que ele e seu pai farão um passeio especial amanhã, e você também gostaria de fazer um passeio especial.
  - ⊙ Pensamento: "Eu gostaria de ir".
    Sentimento: _____
    Ação: _____
  - ⊙ Um pensamento diferente: "Eu vou ter minha vez no dia seguinte".
    Sentimento: _____
    Ação: _____

Da próxima vez que tiver um pensamento que crie um sentimento negativo, veja se consegue mudar esse pensamento para criar um sentimento e uma ação melhores.

4. Para nos ajudar a lembrar dessa ferramenta, vamos ler juntos a rima: *Quando algo acontece que tira a sua paz, uma mudança na perspectiva pode mudar o que você faz.*

Anotações

Entenda o cérebro

> **Quando um sentimento tirar você do sério, acalme seu cérebro para não ficar aéreo.**

Vamos refletir

1. Observe a ilustração.
   a. O que você vê acontecendo?
   b. O que você acha que os lagartos significam?
   c. O que você acha que as crianças estão pensando e sentindo?
2. Você acha que eles estão focando soluções?
3. O que os ajudaria a encontrar uma solução?

Você sabia

Você sabia que, quando sente fortes emoções negativas, a parte "lagarto" do seu cérebro assume o controle e você não tem acesso à parte racional do seu cérebro? O Dr. Dan Siegel* nos ajuda a entender o cérebro e por que é difícil resolver um problema quando você está no modo "cérebro de lagarto". A parte do cérebro representada pelo lagarto reage com medo, e a parte racional ajuda você a se concentrar nas soluções.

As pessoas **agem** melhor quando se **sentem** melhor, para que possam usar a parte do cérebro responsável pelos pensamentos e pela resolução de problemas. Quando assume o controle de seu cérebro e faz algo para ficar calmo, você tem acesso à parte racional de seu cérebro, e assim pode se concentrar, aprender e tomar decisões.

---

* Para mais detalhes, sobre esse modelo do cérebro, estude *Parenting from the Inside Out* (Parentalidade consciente), de Daniel J. Siegel, MD e Mary Hartzell, New York, NY: Jeremy P. Tarcher/Putnam, 2003, p. 171-83.

Vamos praticar

Escolha uma ou mais das seguintes atividades, dependendo da idade da(s) criança(s) e do tempo disponível. Esteja atento às percepções baseadas na cultura e nas experiências vividas.

1. O cérebro na palma da mão.
   - Vamos usar nossa mão para mostrar **três** partes importantes do cérebro.
   - Siga essa explicação comigo. (Observe os desenhos acima, da esquerda para a direita.) Mantenha a mão aberta com os dedos voltados para cima, dobre o polegar sobre a palma e, em seguida, coloque os dedos sobre o polegar para fechar o punho. Vamos imaginar que este é o seu cérebro.
   - Aponte para o pulso. Este é o **tronco cerebral**, a parte mais antiga, às vezes chamado de "reptiliano" ou cérebro "lagarto". Quando se sente ameaçado ou inseguro, você reage para se proteger por meio de luta, fuga (corre para longe) ou paralisação.
   - Agora abra os dedos e aponte para o polegar. O mesencéfalo é onde você sente os sentimentos negativos. É como um arquivo onde você guarda memórias, crenças e decisões.
   - Em seguida, dobre os dedos sobre o polegar e aponte para as unhas. Este é o **córtex pré-frontal**. É aqui que o pensamento racional e a solução de problemas acontecem.
   - Agora levante os dedos para que fiquem retos e o polegar ainda esteja dobrado na palma da mão. O Dr. Siegel chama isso de "perder a cabeça". Isso significa que você está com o cérebro no

modo "lagarto", onde sente as emoções fortes e negativas. Quando você se sente chateado, não consegue pensar racionalmente, resolver um problema ou aprender.

2. O que ajuda você a ficar calmo? Circule 3 a 5 de suas coisas favoritas.

- Fazer respirações lentas e profundas.
- Contar até 10.
- Ir para o seu espaço de pausa positiva.
- Usar sua roda de escolhas.
- Usar sua roda de escolhas da raiva.
- Afastar-se.

- Abraçar um animal de estimação.
- Escrever em um diário.
- Desenhar seus sentimentos.
- Fazer outra atividade.
- Mudar seu pensamento.
- Pedir um abraço.
- Adicione a sua própria:

_____

3. O que você pode fazer quando "perde a cabeça"? A seguir, conecte uma das palavras da esquerda às ações na coluna da direita para corresponder à ordem em que devem ser feitas para que você se sinta melhor e possa agir melhor.

Primeiro	Espere ficar calmo.
Segundo	Escolha uma maneira de "se controlar". (Respirar lentamente, ir para o seu espaço de pausa positiva etc.)
Terceiro	Pense em uma solução.
Quarto	Lembre-se de que você está com o seu cérebro no modo "lagarto" (luta, fuga, paralisação).

4. Faça um desenho de uma das seguintes opções.
- Desenhe a si mesmo com seu cérebro no modo "lagarto".
- Desenhe a si mesmo usando a sua ação para se sentir melhor.

5. Para nos ajudar a lembrar dessa ferramenta, vamos ler juntos a rima: *Quando um sentimento tirar você do sério, acalme seu cérebro para não ficar aéreo.*

Próximos passos

Compartilhe informações sobre o cérebro no modo "lagarto" e o cérebro racional com as pessoas próximas a você, e sobre o fato de que você age melhor quando se sente melhor. Juntos, criem um sinal silencioso ou uma palavra-chave que vocês podem usar para avisar uns ao outros quando tiverem "perdido a cabeça".

Anotações

Roda de escolhas

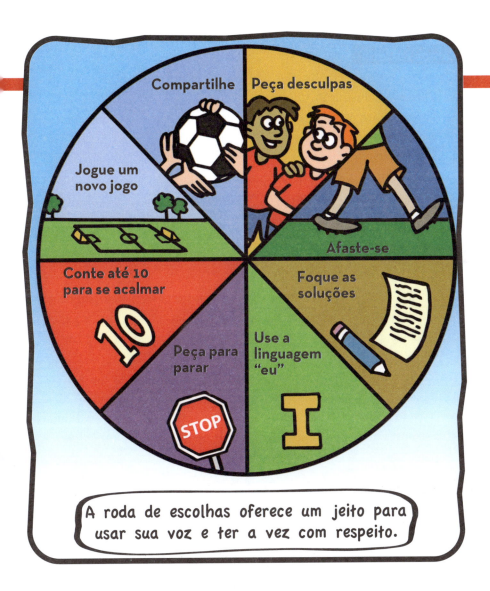

> A roda de escolhas oferece um jeito para usar sua voz e ter a vez com respeito.

Vamos refletir

1. Observe a ilustração. O que você vê?
2. Existem oito escolhas diferentes nessa roda. Você acha que essas escolhas se referem a quê?
3. Você já teve que resolver um problema com um amigo ou irmão e não sabia o que fazer? De que forma ter as escolhas dessa roda poderia ter ajudado a resolver o problema?

Você sabia

Você sabia que todo mundo tem desafios todos os dias? Quando algo desafiador acontece com alguém da sua família, seus amigos, na escola, com colegas de equipe ou talvez até com adultos, você sempre tem uma escolha sobre o que fazer a seguir. Às vezes é difícil descobrir o que fazer, especialmente se você e a outra pessoa tiverem que chegar a um acordo. Muitas vezes estamos mais focados em saber de quem é a "culpa" do que em "Como posso consertar isso?". Usar uma roda de escolhas pode ajudá-lo a se concentrar em soluções em vez de apontar o dedo ou culpar.

Vamos praticar

Escolha uma ou mais das seguintes atividades, dependendo da idade da(s) criança(s) e do tempo disponível. Esteja atento às percepções baseadas na cultura e nas experiências vividas.

1. Vamos criar uma roda de escolhas. Pense nos problemas comuns que você pode ter com amigos ou irmãos. Em um pedaço de papel em branco ou um prato de papel, desenhe uma torta com 6 a 8 fatias. Deixe espaço para uma imagem e algumas palavras em cada fatia da torta. Em seguida, você pode preencher cada fatia com algo que possa fazer para resolver esses problemas. Alguns exemplos podem incluir:
   - Ouvir a outra pessoa.
   - Compartilhar e revezar.
   - Reservar um tempo para atenção plena ou meditação.
   - Inserir o problema na pauta da família ou da reunião de classe.

   Faça um desenho em cada fatia de sua torta para ilustrar suas ideias. Pendure sua roda de escolhas onde você possa vê-la e use-a sempre que precisar.

2. Para os exemplos a seguir, quais soluções da sua roda de escolhas você usaria?
   a. Seus amigos mudam as regras no meio do jogo.
   b. Seu amigo o acusou de fofocar e você só estava tentando ajudar.
   c. Você disse algo que magoou sua irmã quando estava com raiva.

   Quando duas pessoas estão envolvidas, ambas podem usar a roda de escolhas e optar pelas mesmas soluções, ou cada uma selecionar uma diferente.

3. Para nos ajudar a lembrar dessa ferramenta, vamos ler juntos a rima: *A roda de escolhas oferece um jeito para usar sua voz e ter a vez com respeito.*

Próximos passos

Você pode criar sua própria roda de escolhas ou pode montar uma em família, com todos compartilhando suas ideias sobre como cooperar e focar soluções.

Anotações

Resolução de problemas ganha-ganha

> **Quando temos um plano que todos criamos, ninguém perde e todos nós ganhamos.**

Vamos refletir

1. Observe a ilustração.
   - Como as crianças chegaram a um acordo?
   - O que nelas mostra que ambas sentem que estão ganhando?
2. Compartilhe informações sobre uma situação em que você fez um acordo que achou injusto. Como você se sentiu?
3. Compartilhe informações sobre uma situação em que você conseguiu encontrar uma solução com alguém que lhe pareceu justa. Como você se sentiu?

Você sabia

Você sabia que, quando todos trabalham juntos para resolver um problema, todos saem ganhando? Quando há um conflito, tendemos a culpar a outra pessoa e a querer vencer ou estar certos. Culpar nos impede de realmente resolver os problemas porque o foco está em quem está certo e torna mais difícil nos conectarmos uns com os outros. Quando nos concentramos em soluções em vez de culpa, focamos o futuro e o que pode acontecer a seguir. Quando todos trabalhamos juntos para contribuir com ideias para resolver um problema, criamos uma situação "ganha-ganha" para todos, o que nos deixa encorajados e conectados. Em vez de se concentrar em conseguir o que quer, tente deixar que todos tenham algo a dizer. Essa é uma habilidade que você pode praticar todos os dias.

Resolver problemas em que todos saem ganhando é mais fácil quando seguimos estes passos simples:

1. Espere até que todos estejam calmos. Pode ser difícil resolver problemas quando se "perde a cabeça".

Resolução de problemas ganha-ganha

2. Pensem em algumas ideias que podem funcionar para todos.
3. Depois de ter uma lista de pelo menos seis soluções possíveis, use os "3 R e 1 U" para ver quais são soluções ganha-ganha. Para cada opção, pergunte se:
   - Está **relacionada** ao problema?
   - É **respeitosa** com todos?
   - É **razoável**, o que significa que é justa e possível de ser feita?
   - É **útil** para encontrar uma solução ganha-ganha a fim de resolver o problema?
4. Decidam juntos qual(is) solução(ões) vocês desejam tentar.
5. Se a solução não funcionar, volte para sua lista e escolha outra.

Vamos praticar

Escolha uma ou mais das seguintes atividades, dependendo da idade da(s) criança(s) e do tempo disponível. Esteja atento às percepções baseadas na cultura e nas experiências vividas.

1. Para os exemplos a seguir, escolha a solução que mais parece vantajosa para todos.
   Lembre-se de verificar se ela atende aos critérios a seguir:
   - ✓ **Respeitoso** com todos.
   - ✓ **Relacionado** ao problema.
   - ✓ **Razoável** (justo e possível de ser feito).
   - ✓ **Útil**.
   - Você e seu colega querem ler o mesmo livro durante o tempo livre.
     a. Seu amigo lê hoje durante o tempo livre, e você o lê na próxima semana durante o tempo livre.
     b. Você e seu amigo leem juntos, revezando-se na leitura de uma página em voz alta, um para o outro.
     c. Vocês dois escolhem um livro diferente e dão o livro que gostariam de ler para outro colega.

- Seus pais disseram que vocês sairão para jantar em família esta noite. Seu irmão quer hambúrguer e você quer macarrão.
  a. Vocês pedem comida para viagem para que todos possam ter a refeição que desejam.
  b. Revezam-se decidindo onde ir para jantar.
  c. Escolhem um restaurante que tenha uma variedade de opções.
- Você divide o quarto com seu irmão. Você não consegue dormir à noite porque ele lê para relaxar e a luz te incomoda.
  a. Ele vai para a cama mais cedo a fim de poder ler sem incomodar você.
  b. Você usa uma máscara nos olhos para bloquear a luz.
  c. Ele lê fora do quarto até relaxar e depois vai para a cama.

2. Escolha um dos seguintes cenários para praticar soluções ganha-ganha.

Lembre-se de seguir os passos:

1. Esperar até que todos estejam calmos.
2. Elaborar ideias que possam funcionar para todos.
3. Certificar-se de que todas atendam aos 3 R e 1 U.
   - ✓ **Respeitosa**.
   - ✓ **Relacionada**.
   - ✓ **Razoável**.
   - ✓ **Útil**.
4. Selecionar uma solução para tentar.

   Cenários:

- Você e seu irmão precisam tomar banho e nenhum de vocês quer ir primeiro.
- Você e seus colegas não concordam sobre qual jogo jogar no recreio.
- Seu avô vem jantar, e você foi convidado para a festa de aniversário de um amigo no mesmo dia.

3. Para nos ajudar a lembrar dessa ferramenta, vamos ler juntos a rima: *Quando temos um plano que todos criamos, ninguém perde e todos nós ganhamos.*

Próximos passos

Tente usar os 3 R e 1 U para um problema real em sua vida.
1. Pense em um problema em sua vida agora que precisa ser resolvido.
2. Faça uma lista de pelo menos seis soluções para resolvê-lo. Se o problema envolver outra pessoa, peça a ela que se junte a você.
3. Risque todas as soluções que não atendam aos 3 R e 1 U:
   - **Relacionada** ao problema?
   - **Respeitosa** com todos?
   - **Razoável**, o que significa justa e possível de ser feita?
   - **Útil** para encontrar uma solução ganha-ganha para resolver o problema?
4. Escolha uma solução que funcione para todos.

Anotações

Anotações

Anotações

Anotações